宇野弘之 著

マハーヤーナスクール講義録

極楽浄土念仏往生論

山喜房佛書林

目　次

はじめに

二〇一一年三月一一日、東日本大震災が起きた。津波による二万人以上の犠牲者が出て、更に福島原発事故も発生した。

当教育学園、一関校開校のその年であり、気仙沼にて災害直後のその光景を目にし、愕然とした。或る宗教学者は地獄の光景であるとインタービューに応じていた。

この年、中尊寺金色堂が世界遺産となり、藤原朝の浄土の光景が話題となった。中尊寺にも参詣をし、浄土願生の思いを新たにした。

戦国時代の和を尊ぶ浄土願生の思いは、いつの世にあっても尊い。

私の心に「厭離穢土欣求浄土《えんりえどごんぐじょうど》」の憶念が生じ、浄土とは何か『浄土論』探究の動機が芽生えた。

釈尊は、人間の一生その構造を四つの尊い真理、「生老病死」の四文字で明らかにし、仏弟子や帰依する人々に生身の人間の生きる姿を「諸行無常の存在」として転法輪をし諭した。

人生五十年にも及ばなかった紀元前のことである。

人間には天寿、寿命がある。老年期になれば、日々体力の衰え、老いを感じるであろう。

その意味では、この世に生きられる時間は決められている。

釈尊は、人は死して後、何処へ行くのかとの弟子の形而上学上の質問には黙して語らず、目前に毒箭《どくせん》（矢）が刺さり、苦しみ横たわる患者の救済優先、治療の大切さを諭したといわれている。

よく知られる毒箭（矢）のたとえである。実はここに仏教の救済活動、医療の原点があり、命の尊厳、人命救助の尊さが知らされる。老病死の人生、人は老い、患い、終焉を迎える。

高齢者へのヒューマンサービス、ターミナルケア、災害人命救助の原点もこの生身の人間への「思いやりのこころ」にあるように思う。

老病死の一人称の人生行路は、生まれた時に人生の終着駅到着の行程が決まっている。

そして、生死無常の人生の肉体の死、体失往生の後に真如法身《しんにょほっしん》、常住法身《じょうじょうほっしん》の体があるという。

大乗仏教では法身《ほっしん》、報身《ほうじん》、応身《おうじん》の三身説を説く。

法身とは真如の理体、真理そのもの、永遠の理法としての仏である。法としての身体、仏の活動を現ずる真実の本体である。真理としての法そのものが説法している法身説法、肉身の時の場所、人によって教えの一部を説いたそのようなことにかかわりなく、永遠に説いている法の身である。

報身は、菩薩であった時、願いを立て修行の成就によって願行に報われて得る仏身であり、例えば阿弥陀仏である。応身は、世の人を救う為その機根に応じた種々の姿をとって現われた仏であり、衆生を導く為に相手に応じて現れる仏の身体である。

三身即一、仏の三身がそのまま一仏身であるともいわれる。

常住法身は、今現在説法にあると信仰心を諭す。

「念仏申さんと思いたつ心のおこるとき、すなわち摂取不捨《せっしゅふしゃ》の利益にあずけしめたまうなり（『歎異抄』）」。阿弥陀仏が臨終来迎、臨終に始めて迎えにくるというのではなく、阿弥陀仏の本願について真実の信心を獲たとき、その時に、摂取不捨の利益を受ける。それが「摂取不捨」の心であると、信仰心を諭す。

臨終来迎仏を拝む（『観無量寿経』）。いのち終わる時に、阿弥陀仏の臨終来迎のお姿を拝んで浄土に往生するのは、第十九願、諸行往生《しょぎょうおうじょう》、観経往生であろう。

往生に方便化土をめざす往生と真実報土をめざす往生がある。

本願を疑う者の生まれる方便化土の浄土即ち第十九願と第二十願の方便の願いに対する報いとしての辺地懈慢国《へんじけまんこく》（阿弥陀仏の化土。浄土のかたほとり）、疑城胎宮《ぎじょうたいぐ》（阿弥陀仏の浄土のうち、疑惑の行者がとどまる母胎の中にいるが如くそこからながく出ることができない胎生の宮殿）の浄土と真実の浄土がある。

一切計らうことを捨てて、一心に謙虚な態度で南無阿弥陀仏と如来を念ずる。純粋な信心をもち、無条件に如来を信ずる人は、真実の浄土へ往生する。正定聚の人であると宗教的実存を語る。

信心獲得すれば、おのずから往生は決定する。信心と往生は一つであると親鸞聖人は仰せられた。必ず信心を本とす。信心を以て能入と為すと。

濁世の有情をあはれみて

勢至念仏すすめしむ
信心のひとを摂取して
浄土に帰入せしめけり
「正像末和讃」

信心浅き人ではなく、浄土を願う人、信心を以て能入する人を摂取し、本願を信じる人を救うと語る。

この世に人の身を得て、幼少期そして青年期を迎え、なぜか四十歳に達すると加齢の速さに驚天動地し、ふと気づくと壮年期、老年期を迎えている。古稀をすぎると自分は若いつもりでいても、家族も人々も高齢者扱いし始める。

本人も何となく海辺に立ち夕暮れの情景の中に、美しき富士山を見て、生死一如の人生、先人たちも夕暮れにあって、合掌をした人が少なからずいらしたであろうと、ふと西方浄土のロマンを想う。

私たちは健康長寿に恵まれても「生老病死の人生構造」の一生である。必ず人生の終着点にたどり着く。

一層知らなければ知らない方が良かったかも知れない無常の人生に覚醒し、驚天動地の思いであろう。生きとし生ける者は日々加齢し、それぞれ人生の終着駅にたどり着く。生ま身の人間である。いつお迎えが来るかわからない人生行路である。季節の移り変わりには無常迅速、知人、寺の檀信徒などの悲報をよく見聞きする。

高齢社会、人々は皆そのような老病死の加齢の人生行路を進んでいる。

それがゆえに、現代社会に住む私たちは「生死度脱」という宗教的問題、実存の解決課題をもち、人生一大事の解脱の叡智が求められる。

誕生から終焉迄の限りある人生行路にあって、どのように般若の叡智を得て、その課題を克服するか。永遠なる彼岸の世界の目覚め、根本的な問題の所在、解決が必要となるであろう。

無常観に気がついた求道者は、浄土の存在を若い時は頭悩で観念として考えがちであろうが、高齢ともなれば夕暮れの人生にあって、浄土の存在は、解決すべき一人称の一大事としてその宗教的叡智を尋ねることになろう。

生の依りどころ、不体失往生そしてその生の帰する処、体失往生と人生のゆくえは、若い時以上に現実味をもった解決の糸口、答えを求められるであろう。それらは宗教的覚悟の問題として迫り来る。生の哲学の問題の所在として宗教的解決を求められる。

現代社会にあって仏教語その叡智、般若の智慧は、ややもすると難解であると敬遠されがちである。人々にもやさしく理解でき、自らも理解できる、思いやりのある仏教書が論述できたらと願う今日この頃である。煩瑣《はんさ》哲学でなく、人々の仏教入門にお役立ちでき、少しでも仏教の真髄に近づくことを念じて、本稿を進めることとする。

本著の出版に当たり本書刊行を心よくお引き受け頂いた山喜房佛書林の浅地康平社主に心から御礼を申し上げる次第である。

平成三十年二月　著者しるす

極楽浄土念仏往生論

序説

一　題名

『無量寿経優婆提舎願生偈《むりょうじゅきょううばだいしゃがんしょうげ》』は『浄土論』『往生論』『浄土往生論』ともいわれ、インドの龍樹《りゅうじゅ》菩薩につぐ浄土教の祖師と仰がれた世親《せしん》（天親《てんじん》）Vasubandhu（ＡＤ三二〇～四〇〇頃）の著作である。

『往生論』『浄土往生論』と言うと、私たちは『往生』の二文字を、この世を去って他の世界に生まれかわること即ちこの世を去ることと一般的に理解しがちであろう。

つまり、体失往生、死に臨んで極楽に生まれかわることと考えがちである。

往生際が悪い等と死に際の態度が語られる。

親鸞聖人の往生の理解は「不体失往生《ふたいしつおうじょう》」である。死後に往生する即ち来迎往生ではなく、この世にいる間に浄土往生の身とさだまる現生不退位の往生観である。

体失往生もあるが、不体失往生の視点から、敢えて私は『極楽浄土念仏往生論』との表題を選択することとしたのである。

二　難行道　易行道の二道

南インド出身で第二の釈迦と言われ、大乗仏教の確立に貢献し、八宗の祖師と称された龍樹菩薩Nāgārjuna（ＡＤ一五〇～二五〇）は、仏教修行について難行道と易行道の二道をうち出した。求道者が未来に向かって確かな初地の菩薩の位、不退転位（必ず仏になることが定まった不退、無退位）の仲間に入ることを求めた。やさしい修行法、仏陀世尊のましまさぬ五濁の世である。修行の妨げが多々あり、不退転位を求めることが困難な難行道の二道があるという。

親鸞聖人は『浄土高僧和讃』龍樹菩薩首に

『龍樹大士世にいでて
難易ふたつのみちをとき
流転輪廻のわれらをば

弘誓のふねにのせたまう』

と、すみやかに悟り、再び退くことのない不退転位の現実存在に至る易行道の安心立命の道を示す。

『十住《じゅうじゅう》毘《び》婆《ば》沙論《しゃろん》』第九の易行品に注目した親鸞聖人は、和讃としてわれらの往く道、易行道をお示しになったのである。

昭和六三年二月、四十二歳の時、私は、東大赤門前の山喜房仏書林からその龍樹菩薩の著作『十住毘婆沙論易行品講義』を公刊した。

本棚より久しぶりに拙著を手にし開いて見ると、序には、「龍樹菩薩（一五〇～二五〇年頃生存）の十住毘婆沙論の阿弥陀信仰を説く、第九章「易行品」は、古来特別重視せられ浄土教思想一般の形成に与えた影響を知る上にも、必須の典拠である。」とあり、「正明往生の論法といわれ、曇鸞大師（四七六～五四二）は、『往生論註』の中で、易行品をとりあげ、難易二道の仏道をより明確になさっておられる。

『十住毘婆沙論』には、大乗仏教には烈しい修行にたえうる漸々精進のすぐれた菩薩もいるが、同時に厳しい修行にたえられない、無力の菩薩、敗壊の菩薩もあることを示し、儜弱怯劣な人々まで平等に阿弥陀仏に救済されることを示し、他力易行道を開設し、念仏の行法を明らかにしている。、人の能力は各人必ずしも一様ではなく、自力をもって初地に進んで仏の道を開くべき身に定まる歓喜法悦の生活をする者もいるし、中には力が乏しいからそこまで進む事のできない「敗壊者」もいるから「易行道」を設け、難易二道の存在を明示して諸人の救いとして諸仏諸菩薩の易行道を開き示されたのである。まさに大乗仏教精神である。

世親菩薩（約三二〇～四〇〇）の『浄土論』は、『十住毘婆沙論』「易行品」が阿弥陀信仰を下劣な衆生のためとしたことにより、ともすれば、浄土思想を低く見ようとする傾向にあるのに対し、浄土の行を、大乗菩薩道、大乗の修行者が実践すべき道として打ち立てているところに、インド仏教としての重大な意味があるとする。

易行品は、一五〇年～二五〇年頃生存した龍樹の作品であるが、現代に相応した仏教者の現代生活にその教えを照らしあわせてみようと思う。大乗仏教として著述そして創意工夫もしてみた。諸人の悟りの叡智になるとうれしい。浅学非才で力及ばぬ点が多いが御指導賜りたく宇野本「易行品講義」と致したく思う。

昭和六十一年正月」とある。

インドの祖師龍樹によって「難行道《なんぎょうどう》（自力によって長い間の修行を克服し、悟りをひらく教え）」と「易行道《いぎょうどう》（誰にでもやすく行える仏道修行）」の二道にわけられ、世親によって本願力に帰命すべきことが強調され、仏教が中国に渡り北魏の曇鸞《どんらん》によって「他力」「自力」という考え方が生まれ、そして道綽《どうしゃく》によって「聖道門《しょうどうもん》」「浄土門《じょうどもん》」とわかち、いわゆる教相判釈《きょうそうはんじゃく》（各宗の教義理論）が成立し、善導《ぜんどう》によって浄土教の骨格をなすべき教学が整い、日本にて恵心僧都源信《げんしん》、源空《げんくう》法然上人、親鸞聖人といわゆる七高僧といわれる浄土教の法灯が展開されていく。

親鸞聖人は、インドにおける浄土教の二大祖師として龍樹と世親（天親）を崇敬している。世親（天親）は、北インド、プルシャプラ（現在のパキスタン・ペシャーワル）の生まれで、兄は無着Asaṅga（ＡＤ三一〇〜三九〇）であった。兄弟競って活発な思想活動をし四世紀頃の大乗仏教興隆の中心人物となった。

世親菩薩作の『阿毘達磨倶舎論』（Abhidharma-kośa-bhāṣya）は、仏教学専攻の大学院の学生の時、西義雄教授のもと梵文原典の拝読講義を受けたが、仏教の基礎学として珍宝されている倶舎論である。『唯識二十論』『唯識三十頌』は、ともに世親の作で、唯識説の体系を確立した人としても著名である。

浄土教が注目する世親の『無量寿経優婆提舎願生偈』の作者Vasubandhuヴァスバンドゥを菩提流支《ぼだいるし》や眞諦《しんたい》は天親と訳したが、玄奘に至って世親と訳しかえられた。世親は『無《む》量寿経《りょうじゅきょう》』によって二十四偈の『願生偈《がんしょうげ》』をつくりそれを述釈したのである。

私たちが初発心をおこし、仏道を成就しようと思うと、仏道には浄土門と聖道門の二道がある。五濁悪世の末法の現在にあっては、聖道門の悟りは難しく、浄土門のみがやさしい仏道成就の道である。その浄土門に念仏往生と諸行往生がある。

念仏往生は、阿弥陀仏一仏をたのみ、その名号を唱えて極楽往生する道である。

一方、諸行往生は、もろもろの諸善万行を行っての往生である。

諸行往生は、浄土の本願にあらず、真実報土に生まれることができず、方便化土にとどまる。念仏往生こそがわれらの救済の道であると示す。

その念仏往生にも専修念仏の道と雑修《ざっしゅ》念仏の道がある。

専修念仏は、ただひたすら念仏のみを唱えて修する人であり、他の行を修めない。他力の念仏者を言う。

いろいろな行をまじえて、いろいろなことを修する。念仏だけでなく、それ以外の他の修行をすることを雑修の道という。浄土往生の正業ではない雑多の行業である。

仏陀世尊の入滅後、遠く時代をへだたった仏法の衰えた末世、五濁の世には、自分の力による人間の努力の最終的な結果としての仏果、さとりを求め、その目標に向かって精進していく。陸路を一歩一歩自らの脚で歩いていく。この人生行路には困難と苦しみが多く、不退位を得ることは困難である。

易行道は、信仏の因縁により仏と成る道を得るのであり、如来の本願力を信じて浄土に生まれようと願う時、仏の願力によってかの浄土、清浄国に生まれ、仏力に支えられ大乗の正定聚の仲間に入ることができる。つまり、その道、易行道は、水路を舟に乗って行くように安らぎと楽しみのあるところである。

その道、易行道は、順風を帆にうけて海路を行く、大船にたとえられる。

念願成就の道は、弥陀一仏をたのむ易行道、即ち専修念仏の道が望まれるという。

大切な願生浄土の心得を説く。

三　浄土と現実　今の世はどんな世相、時代社会か

二十一世紀、歴史上の現代社会は、一体どのような時代社会か。

二〇一一年九月の秋の彼岸会の頃、六十七才初老期の私は『無宗教亡国論　宗教はなぜ必要か』を著わした。

現代社会の問題点、信仰なき時代社会を嘆いて、信仰心のない無信仰こそが自らの生き方を見失わせ、アイデンティティーの形成を妨げ、家庭病理、社会病理を発生させ、病根になっている。経済合理性の現代人の思考、社会の歪み、光と影を詳細に論じた。

二十一世紀のこの世に生きる私たちは、仏教語「五濁の世」といわれる時代社会を迎えて、生き苦しい時代社会の中に生きることを余儀なくされている。

一　その五濁の世とは何か。

世の末にあらわれる五種の時代の汚れ、娑婆世界の様相である。

（一）劫濁《こうじょく》。世の末に諸悪が増す。小さな人間、自分のことしか考えない小者が多くな

る。

（二）見濁《けんじょく》。考え方が汚れている。自己の悪をすべて善とし、他人の正しさをみな誤りとする。邪見がはびこり、念仏者を疑謗、中傷する。

（三）煩悩濁《ぼんのうじょく》。見るもの聞くものすべてに貪瞋《とんじん》（怒り、腹だち、そねむ心）をおこし、無明煩悩が多く、愛憎の乱れ高峯岳山の如し。

（四）衆生濁《しゅじょうじょく》。初め純真であった衆生（人々）が、世の末に十悪をほしいままにする。

（五）命濁《みょうじょく》、見濁、煩悩濁の為、多くの生命を奪い、他をいつくしみ育てず、その結果、自己も長生きできず短命となる現実の世界である。

いわゆる生命軽視の時代の到来である。

二　足六道に繋がり、悪業を重ね、六道に足をくくりつけらてどうにもならない時代社会は、地獄、（苦しみの世界）、餓鬼（不平不満）、畜生（無慚無愧《むざんむぎ》）の世界、わたくしたちは現実世間にふりまわされている。

無仏の世、浄土を願わぬ娑婆世界の住人化している。

三　五逆《ごぎゃく》誹謗《ひぼう》正法《しょうぼう》の者も多い。

恩を知らず、無間地獄におちる人たちが多々いる。
御恩を厚く蒙っておきながら御恩を思わない。

一　父を殺す。
二　母を殺す。
三　阿羅漢《あらかん》を殺す。
四　出仏身血《しゅつぶっしんけつ》。仏の身体を傷つけて出血させる。
五　破和合僧《はわごうそう》。教団の和合一致を破壊し、分裂させる。

大乗仏教の五逆罪は

一　搭寺を破壊し、経蔵を焼き三宝の財宝を盗む。
二　声聞《しょうもん》、縁覚《えんがく》、大乗の教えをそしり、聖教を軽んじる。
三　出家者の修行を妨げ、責めたり、禁閉したり、還俗させ、酷使し、あるいは死に至らせる。
四　仏身から血を流し、和合僧を破り阿羅漢を殺す。
五　因果の道理を否定し、信じず、十悪十不善行をする。

逆謗《ぎゃくほう》、仏教の救済から除外されている人々であるという正論にて戒められる人である。自分だけがよければよいという個人主義、自己中心に終わって、南無阿弥陀仏と如来に感謝することを知らない。如来無視、仏とも法とも思わぬ自我礼讃の凡愚の私たちがそこに無明の暮らしを存続し続ける。

無量なる光明が届くことにより、その私が本当の私になる。恩知らずに目覚める。そこに救いの道が開かれる。

四　名も無く、お金にも恵まれず身心共に貧窮の人が生存する。

富もあり、社会的地位もある恵まれた人。富貴貧窮を選ばない。下智と高才。多聞と浄戒をもつ人も選ばない。破戒と罪根の深きも選ばない。この世の人たちは、地獄は一定すみかという地獄におちる業（行為）を積み重ねる現実の相《すがた》にて生活を続ける。

そのわれらには大切な浄土往生の道がある。

浄土へ往生するということは、いかなることであろう。

浄土へは誰がゆき、どのように、如何に往くのであろうか。

「如来の作願をたづぬれば

苦悩の有情をすてずして
回向を首としたまひて
大悲心をば成就せり」
親鸞『正像末和讃』

超世の悲願、如来の本願による往生浄土、浄土の成立の道である。

浄土は何がゆえに建立されたか、どのように建立されたか。

苦悩の衆生を救済せんとする弥陀因位の願心が、浄土を建立した。

「弥陀の尊号となへつつ
信楽まことにうるひとは
憶念の心つねにして
仏恩報ずるおもひあり」

憶念の心のある人の憶念の憶は、心に確かにたもつ。念ははっきりとおぼえて、仏のことを忘れない。

「信心をえたるひとは疑なきゆゑに本願をつねにおもひいづるこころのたえぬをいふな

り」親鸞『唯信鈔文意』

信心も念仏も如来の廻向である。

われらは死んでから浄土へ往生すると考えるが、あの世で浄土に往生するのではない。

この世で浄土に入るという大切な教えがある。

浄土往生の旅人の人生の始まりは、発願廻向である。

願生浄土の思いが浄土往生の大切な心得、出発点であろう。

三心を具する者は必ず彼の国に生ず（『観無量寿経』散善義）

極楽浄土へ生まれようと思えば、三種の心を具すればよい。

その三心とはいかなる心であろうか。

（一）至誠心《しじょうしん》　真実の心。心の底からまことをもって

（二）深心《じんしん》　深く信ずる心

（三）廻向発願心《えこうほつがんしん》　廻はめぐらす。向はさし向ける。他に向かっていた心を浄土往生を願う浄土の教え念仏道にさしむける。

善導和尚は、浄土を欣求すれば、必ず浄土に生まれる。念仏者の道、浄土往生の白道が

ある、と、ただ一節の道をすすめる。

四　大乗仏教の師資《しし》相承《そうじょう》の歴史

釈尊の菩提樹下の転迷開悟《てんめいかいご》に始まる仏教の歴史は、悟りの叡智、その師資相承即ち師から弟子へ、弟子が師となって又その弟子へと教えが伝えられてゆく法灯相続の歴史が見られるであろう。

伝灯が絶えることのない師師（資）相承、師から弟子へ法脈を伝え、教えを保つ発展史である。

浄土教の法灯は、インドの龍樹《りゅうじゅ》の哲学思想とその宗教実践を継糸とし、天親《てんじん》の浄土思想を横糸として、その後、曇鸞《どんらん》、道綽《どうしゃく》、善導《ぜんどう》の中国の浄土三祖、日本における恵心僧都《えしんそうず》源信《げんしん》、源空《げんくう》法然上人、親鸞聖人と七高僧により展開されていく。

北魏の曇鸞は、インド大乗仏教を代表する大法師、世親（天親）ヴァスバンドゥ菩薩の「無量寿経優婆提舎願生偈《むりょうじゅきょううばだいしゃがんしょうげ》」に註を加えて『無量寿経論註』二巻を撰述している。その巻上の開巻劈頭に「謹んで案ずるに、龍樹菩薩の『十住毘婆沙論《じゅうじゅうびばしゃ》』に云く、菩薩、阿毘《あび》跋致《ばっち》を求むるに、二種の道あり。一つには難行道、二つには易行道なり」と記している。

なぜ曇鸞も易行道を励めるのであろうか。

曇鸞は、今の時世を「五濁の世」「無仏の時」との危機感を素直に述べた。

「五濁の世」の「五濁」は、姚秦《ようしん》時代（三八四〜四一七）の鳩摩羅什《くまらじゅう》三蔵によって訳出された「阿弥陀経」に劫濁《こうじょく》、見濁《けんじょく》、煩悩濁《ぼんのうじょく》、衆生濁《しゅじょうじょく》、命濁《めいじょく》と記す。五濁が増大の今の時世は、釈尊滅後遠くへだてた仏法の衰えた末世法滅の時代であり、教えはこの世から消え尽きるが如くの末代無知の人が多い。

その五濁とは、一体いかなる内容であろうか。

一　自然災害、天災や地変、さらに戦争などによる飢饉《ききん》や疫病《えきびょう》に見舞われ（劫濁）、飢え、痛み、傷つくことが多い世である。

二　仏教の説く真理・道理に違背する思想・見解が盛行（見濁）し、思想の対立、混乱、抗争を呈す乱れが見られる世である。

三　人が生まれつき具えている貪欲《とんよく》（むさぼり）や瞋恚《しんい》（怒り腹だち）など、人間の性《さが》ともいうべき心のはたらき煩悩濁が旺盛にはたらくため、放逸に流れる乱れがある。

四　身も心もともに人の資質が低下して、善いことをしなくなる（衆生濁）から、悪徳が栄える乱れのある世である。
五　人の寿命が次第に短縮してくる（命濁）生命軽視の世の中で殺人・自殺願望等尊い人の命が失われる乱れがある。
歎かわしい今世である。人とその世・時代を汚染しているそれらの様相こそ、まさに釈迦・弥勒二仏の導きを受けることができない無仏時のありのままの相《すがた》である、と曇鸞は、看破し、この「五濁の世」「無仏の時」において、仏教に伝統的な実践を行うことの困難さを訴え「五濁の世、無仏の時において、阿毘跋致《あびばっち》（不退転）を求むるを難となす」という。このことは、仏道の実践を行う場としてのこの世の現実が、それを実践するのにあまりにもふさわしくなく、障害が多いことを強調している。

しからば曇鸞のいうところの「五濁の世」「無仏の時」にはどのように、人と世が濁り、乱れていたのであろうか。濁りによってきたる事由について五点記している。
一、外道の相善、菩薩の法乱る。仏教以外の教え、中国に固有な伝統的な儒教や道教に説く善は、仏・菩薩によって示された仏道の修行を混乱に陥《おちい》れる。

仏法に即入せず、外道に迷う人の存在である。

二、声聞の自利、大慈悲を障う。ただ自分だけが覚《さとり》を体得すればこと足りるとする声聞根性は、他人の苦を抜き楽を与える菩薩の利他の心・慈悲心を妨げる。

三、無顧の悪人、他の勝徳を破す。自分の身と口と心の上に行った悪行について反省もなく、悔い改めることのない人は、おのずから、他人の勝れた徳を傷つけ、破壊する。

四、顚倒《てんどう》（心が乱れ惑い）善果、よい梵行（清浄な行い）を破す。人目につく外相《げそう》が、例え沙門らしくあっても、使役を逃れるための出家であったのでは、仏道の修行に怠りがちで、本務である仏道の修行を壊すことになる。

五、ただこれ自力にして他力を待つものなし。ただ自分の力だけに頼って仏道を修行するばかりで、仏・菩薩の偉大な力・はたらきにすがり、加被・加護力添えを頼ることを願わない。

これらの事由は、この時代における仏教界の内外において実際に行われていたことばかりで、その中の第一は、仏教に対する儒道二教などの反駁《はんばく》・妨害・圧力のあったことを示す。第二から第四に至る三点は、仏教界にくりひろげられた僧風の弊害、乱れなどを示し、第五は仏教実践の姿勢・態度を示している。

これらについて、曇鸞は、実際に見、聞きし、肌に感じとったことばかりであると、このことを、今の時世が仏道の実践に適しないという鋭い洞察だけにとどまらず、障礙の多い今の時世を雄々しく仏道の実践を果遂《かすい》し得ないという省察をした。

五濁の世、無仏の国において「阿毘跋致（不退転位）を求むるに二種の道あり。一には難行道、二には易行道なり。「五濁の世、無仏の時」という時世のなかで、わが身とわが心の上に不退転を体得することは、他力によって容易に体得しようと、「信仏の因縁」の上に見出すにいたる。「信仏の因縁」とは、阿弥陀仏の本願成就の聖意《しょうい》とそのはたらきを信じ（往生の信因）、その聖意のままに阿弥陀仏のみ名を称念し（往生の行因《ぎょういん》）、その大願業《ごう》力《りき》のはたらきを増上《ぞうじょう》の縁（往生の縁）とすることによって往生できる。阿弥陀仏の在す清浄の土において、すみやかに大乗正定聚《しょうじょうじゅ》（不退転位）を体得できる、という「他力易行道」を選び取るにいたった。

このように、仏道のあゆみを難行道と易行道、自力と他力とに分判《ぶんぱん》した。

このことは、仏道の実践が行われる場と仏道を実践する人の姿勢・態度、そうした観点に立って、今の時世にいずれを選ぶことが適切であるかを問うたのでもあった。

その当時の仏教界で行われていた仏道の実践を一括して自力と規定し、五濁の世・無仏の国に適応した仏道の体系、他力による仏道の実践に活路を見出した。この他力を、阿弥陀仏の本願成就の力であると明言した。

言いかえれば、「大乗仏教としての浄土教」その法灯、伝統の道の大切さを明示したとも言えるであろう。

五　極楽とはどのような世界であるか

このけがれた娑婆《しゃば》世界を厭《いと》い離れて、極楽浄土に生まれたいと願う「厭離穢土《えんりえど》、欣求浄土《ごんぐじょうど》」略して「厭離欣求《えんりごんぐ》」は、人間、諸人誰ものの浄土願生の希望、願いであろう。

娑婆世界は、さまざまな煩悩から離脱できない人々が苦しみに堪えて生きている堪忍（堪え忍ぶ）世界である。穢土《えど》とも言う。即ち煩悩にけがれた者の住む三界六道の迷いの世界である。

つまり現実の生存、欲界、色界、無色界、生前の業因によって生死を繰り返す地獄等の六道、迷いの世界である。このような苦しみの世界を度脱し、極楽浄土の往生を心から願い求める「欣求浄土《ごんぐじょうど》」である。

その往生を願う極楽浄土の国土とは何か。まず避けて通れぬ大切な「浄土の存在」の問いに論点をあててみよう。

極楽という言葉は、わが国では「浄土」という言葉と合成して「極楽浄土」と言いあらわすことが多い。「極楽」の原語は、梵語sukhāvatī（楽のあるところ）である。浄土三部経の『阿弥陀経』『観無量寿経』には「極楽」と、『無量寿経』は「安楽」と「安養」の二訳語が用いられている。

極楽は、どのような世界であろうか。

極楽の情景を尋ねると、最も基礎的な見方は、これから講読する世親の『浄土論』に説かれる三種の観察にある。

（一）国土である浄土の荘厳に十七種

（二）仏の荘厳には八種

（三）菩薩の荘厳に四種

合計二十九種の観察法を細説している。
清浄という点からは、
（一）器世間清浄（場所としての世界）
（二）衆生世間清浄（生ける者の世界）の清浄を説いている。
清らかでけがれのない清浄、煩悩や悪行がない身心の清らかな世界である。
『無量寿経』は、極楽について次のように描写する。
一　極楽は、西方に位置する。「去此十萬億刹」は、西方極楽に至る距離が無限であることを示したもの。日は朝、東から登り、夕方には西の空に沈む。日想観は夕日とその美しさを語る。
二　極楽には、地獄、餓鬼、畜生などが存在しない。かの世界には地獄畜生もなく、餓鬼の境遇もなく、仏の教えを聞くこともできないような不運な生まれの者もない。
三　日月星辰がなく暗黒がない。極楽が我々の現実世界とは全く異質的なもので極楽における阿弥陀仏の光明が、いかに日月等よりすぐれ輝いているかを表したものである。

四　スメール山（須弥山）等もなく、大海もなく平坦である。

五　池、泉、又は河があり、生活に欠くことのできぬ水は、欲するままにある。浴池もある。

六　七宝で樹木が飾られている。

七　宝樹が、風に吹き動かされて快い音を出す。

八　風が吹くと、地面は薫り高い美しい花で敷きつめられている。

九　神と人間の区別なく、他化自在天《たけじざいてん》のようである。極楽世界の人々は、他化自在天の神々のように見られるべきである。

十　一切の享受が備わっていることは、他化自在天のようである。欲界六天の最上位でここに生まれたものは、他の楽事を自由に自分の楽事として楽しむことの境界、他化自在天である。

かの極楽世界に、すでに生まれ、現に生まれ、未来に生まれるであろう生ける者たちは、すべてこのような色、力、勢力、周圍、支配、福徳の集積、神通、衣服、装飾品、遊園、宮殿、楼閣を享受することや、このようないろかたちを、音聲、香り、味覚、感触を享受すること、またこのようなすべての享楽の對象を享受することがそなわっている。それは、まさしく他化自在天の神々のようである。

十一　大地は七宝より成り、第六天上の七宝のごとくである。

十二　四季がなく、寒くもなく熱くもない。

十三　阿弥陀仏や菩薩、阿羅漢たちの講堂、精舎、舎宅、浴池がある。極楽には宮殿、楼閣がある。

十四　極楽世界は、菩薩、阿羅漢のみであって女人はなく、女人が往生すると転女成男、男子に生まれかわる（この点は男女平等社会の今日では、一部の女性学者からは、女性差別と指摘されている。）。

十五　極楽世界にいる者は、食物を欲する時、百味の飲食が自然にある。

十六　不善《ふぜん》（悪に染まる。道にはずれる放逸）という言葉がない。

十七　ターラ樹の並木、黄金の網、大きな蓮華がある。周囲が車輪くらいの大きさのある大きな蓮華がある。（『阿弥陀経』）

かの仏国土は、このような七種の宝石でできている木々に覆われ、またあまねく、七種の宝石でできている芭蕉の幹と、宝石のターラ樹の並木とによってとりかこまれている。また、いたるところに黄金の網がかけられており、あまねく、七種の宝石でできている蓮華に覆われている。そこには半ヨージャナの長さの蓮華がある。一ヨージャナの長さのものもある。二、三、四、五ヨージャナの長さのものもある。ないし十ヨージャナの長さのものもある。しかも宝石の蓮華の全體から三十六、千萬、百千の光が現われ出ており、また光の尖端の全體から三十六、千萬、百千の佛たちが現れ出ている。ここで語られる大きな蓮華は、『阿弥陀経』にある「周圍が車輪ほどのおおきさのある蓮華と同じ」である。

十八　一本の巨大な菩提樹がある。巨大な菩提樹がさまざまな美しい装飾で飾られ、風に吹き動かされると音聲を出し、その音聲に接するものが、精神的、肉體的な利益を得ることが華麗な筆致で描かれている。

十九　河は香水に満ち、蓮華で飾られ、階段があり法音をひびかせている。もろもろの大河は、栴檀香などの最上の香に薫る水を満々とたたえて流れ、天の青蓮華、赤蓮華、黄蓮華、白蓮華などの花に覆われ、その岸には白鳥、鶴、帝釋鴫《たいしゃくしぎ》、鴛鴦《おしどり》、カーランダヴァ鳥、鸚鵡《おうむ》、鷺《さぎ》、杜鵑《ほととぎす》、クナーラ鳥、カラヴィンカ鳥、孔雀などの「如来によって化作された鳥たちの群れ」が訪れ、沐浴に都合のよい階段があり、河底には泥はなく、黄金の砂が撒かれている。またこれらの大河からは、たとえば、百千億種の天上の楽器が名手に弾かれるとき、妙なる音が流れ出るように、深遠な、知られ難い、快い、聞いて飽きず、「無常」「寂静」「無我」という響きが流れ出る。そして、河岸に立つものが、どのような聲でも聞きたいと思えば、その望みどおりの快い音を聞くことができる。たとえば、佛・法・僧という聲とか空・無相・無願・無作・無生・無起・無有・滅という聲を聞くことができる。かれらは、このような聲を聞いて、さとりを完成するための善根を伴う広大な喜びを得る。

二十

極楽世界にいる者は、食物を取る必要がない。極楽世界にいる生ける者たちは、物質的な食物を取らない。どのような食物を欲するにせよ、そのようなものを取ったという感じがして、身も心も満足する。かれらの身體には、それ以上摂取する必要がない。

二十一　香類・花鬘・衣服・傘・旗・楽器・装飾・長椅子・宮殿などが浴するままに現れる。どのような種類の香料・花鬘・塗香・抹香・衣服・傘・旗幟・楽器あるいはさまざまな装飾品、あるいは華美な長椅子、宮殿でも、それらを欲するときは、欲するままのものが現れ出る、という。そして、宮殿の中では、七千人のアプサラスたちに侍《はべ》かれて遊びまわる。

二十二　富裕であり、好ましく神々や人間が充満している。実にまた、かの世尊のアミターバの極楽と名づける世界は、富裕であり、繁栄しており、平穏であり、豊饒であり、好ましく、多くの神々や人間たちが充満している。

二十三　森林、庭園、蓮池などもあり、鳥の群れが仏音をひびかせ、衆生は空中を行く。極楽には、美しい森林、園林、遊園があり、赤蓮華、青蓮華、黄蓮華、白蓮華に満ちた美しい河や蓮池があり、如来によって化作された鳥の群れが棲み、仏の音をひびかせ、それを聞く菩薩たちは常に「念仏」から離れない。また、諸々の天の宮殿に上り、空中に滞ることなく行くものたちを見ることができる。

二十四　天の雨、花、宝石などの雨が降り、天の楽器が奏でられる。

かの極楽世界においては、定まった時に天の香水の雲から雨が降り、天のあらゆる色の花や、天の七種の寶石や、天の栴檀香の粉や、天の傘、旗、幟が雨と降る。天の宮殿や天の天幕が空中に支えられ、天の宝石の傘蓋が拂子とともに空中に支えられ、天の楽器が奏でられ、天のアプサラスたちが舞う。

これらの極楽世界は安楽、安養ともいわれ、娑婆世界から西方十万億の国土をへだてた所にあると説かれた。

「ただ諸の楽を受く、故に極楽と名く（『阿弥陀経』）」「極楽とまふすはかの安楽浄土なり、よろづのたのしみつねにして、くるしみまじわらざるなり」（親鸞作『唯信鈔文意《ゆいしんしょうもんい》』）。

浄土は、仏の国土である。阿弥陀仏の住む極楽浄土、国土である。浄土とは清浄な土、清められた土、汚されていない国土をいう。

浄仏国土は、自らの心を完全に清めること、浄められた国土である。極楽浄土へ「往生する」その原語は「生まれること」を意味する。

それはさとりに達し、成仏を得るということを意味している。

極楽浄土は、大乗菩薩の自利利他の誓願によって実現された世界であり、仏のさとりの世界、涅槃界を現したものである。極楽浄土への往生は、成仏の意味をもつ。阿弥陀仏の説法を聞いて證果を得るにいたると言う。

極楽浄土に生まれることは、大乗菩薩道を完成し、必ず成仏に至ることを意味する。極楽浄土を願うことは「無上なる正等覺《しょうとうかく》に対して心を起こして、発菩提心《ほつぼだいしん》、生まれようと願うこと。極楽世界に生まれるならば、無上なる正等覺より退かない者たち（得不退転）になるであろう。

六　極楽浄土往生は何によって可能であるか

念仏によって可能である。極楽浄土往生の実践法（行）としての念仏である。念仏往生説、往生法である。

念仏によってその人の心が定まる。

極楽浄土への往生には、a体失往生とb不体失往生とがある。

aは阿弥陀仏による臨終来迎の思想である。

清浄な心になって死没して、かの極楽世界に生まれる。死を迎える臨終における心の在り方が死後の世界に影響を及ぼす。来迎を受ける者の資格は、阿弥陀仏を念ずる者である。極楽への往生を願うことによって表れる世界である。

来迎の目的は、心の錯乱をさせぬこと。穢れた心でなく澄みきった浄らか心で、心が顚倒することなく死を迎える。

臨終正念の臨終来迎思想であろう。

bは、肉体を失わず、平生に往生する身と定まる不体失往生である。親鸞は、不退失往生、即得往生を説いた。

「即得往生は信心をうれば即ち往生すといふ、すなわち往生すといふは、不退転に住するをいふと」(『唯信鈔文意』)

七　世親『浄土論』と曇鸞の注釈書『浄土論註』について

世親（天親）菩薩造の、『無量壽經優婆提舍願生偈』（略して『浄土論』）は北魏の曇鸞(四七六～五四二)によって『浄土論註』として註釈され、その学術研究、先行業績の実に多いことに驚く。

親鸞は、世親の親と、曇鸞の鸞を依りどころとして名のり、仏教理解の深い思いを示している。その親鸞の主著『教行信証』には思想の中核になっているといってもよい程に曇鸞の『浄土論註』の引用が多い。

曇鸞は、大乗仏教の論師であり、龍樹の中観論、世親の瑜伽行唯識論の止観の実践、その帰結を『大無量壽経』の本願の歴史に見定め、浄土教の願生思想、即ちわれらの凡夫が大乗正定聚の機にめざめて、諸人が無上涅槃に立つ道を明らかにする。註釈書『論註』は世親の『浄土論』解釈を容易にしている。

序章

本文

題号

無《む》量《りょう》壽《じゅ》經《きょう》優《う》婆《ば》提《だい》舍《しゃ》願《がん》生《しょう》偈《げ》

婆《ば》藪《す》般《ばん》頭《ず》菩《ぼ》薩《さつ》造《ぞう》　後《こう》魏《ぎ》菩《ぼ》提《だい》留《る》支《し》譯《やく》

題号『無量壽經優婆提舍願生偈』は、はかり知れない寿命、永遠の生命の阿弥陀仏の教えを説く綱要という意味である。一切有情（すべての生存するもの）に理解し易く、近づけて説く。ウパデーシャ upadeśaは、極楽浄土へ生まれたいと願う教理を讃美する詩、論書という意味である。仏の説かれた論議経である。

婆《ば》藪《す》般《ばん》頭《ず》菩薩は、vasubandhu天親（旧訳）、世親（新訳）のことである。梵語の婆《ば》藪《す》（vasu）を天と訳し、槃《ばん》頭《ず》（bandhu）を親と訳しそれで天親という。菩薩（bodhi-sattva）

とあるから自ら仏道を求め、他の人を救済し、さとらせる者という程の意味である。造とは作の意味である。後魏の菩提留支《ぼだいるし》訳である。

訳者、菩提留支bodhiruciボーデイルチは、北インド出身の僧である。北魏の都洛陽で訳経に従事し、大乗の経論三〇部余りを翻訳した語学の達人でもあった。

この翻訳によりインドにおける新しい大乗仏教、唯識系の仏教の動向を中国に紹介することになり、後世の教学に大きな影響を与えた。

十地経Daśabhūmika Sūtraは、仏に向かって進んでいく菩薩の境地を十の段階に分割したものである。初めの歓喜地は、真理を体得した喜びにあふれている境地である。これを出発点として次第に仏の世界と衆生と共に融け入っていく十地である。

彼の訳した『十地経論』の研究に基づいて地論学派（地論宗）が形成される。

同じく彼の訳『無量寿経論』はやがて中国浄土教の祖、曇鸞《どんらん》の『浄土論註』を生み出すことになる。

人の身受け難しと三帰依文は指摘する。

人身を頂いてこの大切なかけがえのない一生をどうすごすべきか。

仏教は「人間の生き方」を諭す教えである。

思春期、自分の本当に行いたいことを発見し、生き方を思索、この一生をどう生きるべきか。人々は、人生の目標、道標実現について思いをめぐらす。

青年期、若き日々にはアイデンティティーの形成、自分の本当に行いたいイデーの発見という課題があると言う。

人生の道標が意識されず、アイデンティティーの形成不全のまま、ただいたずらに門松をくぐりすごす酔生夢死の人生もあり得るであろう。

私たちはどう生きたらよいのだろうか。その質問が、仏教入門、出発点の心である。

生きる意味、生き甲斐の発見は、われらの大切な人生の重要課題である。われらは、多忙な日常茶飯事に追われ一生をすごしがちである。

思春期、青年期、壮年期やがて高齢期を迎え、人生の夕暮れにもさしかかる。少し余裕もでき自分の人生をふと顧みる。健康長寿に恵まれて百歳の長寿者が何万人と存命し、八十代、九十代の長命者が多く見られるいわゆる少子超高齢社会の今日、経済的にも豊かな成熟社会、定年退職後は、毎日が日曜日の日々も現実となるであろう。

人生の絶頂期に死の淵をのぞくといわれるが、人間存在の有限性に目覚め、生と死の人生行路克服の叡智を尋ねるのも、人に生まれた私たちの生涯の大切な課題と言えるであろう。

昔は結核を患う人も多くベットの上で療養し、生死をさまよいながら仏教書をひもとく人も多くいたであろう。

死にゆく人々もいて人生の終焉、死出の旅路を目前に見て、生死度脱の道をたずねる人も少なからずいらした。どのように生きたらよいのかと、仏教書を読み、思索に明け暮れたことであろう。

大切なことを忘れかけている現代人のわれらに贈る言葉もあろう。

先人は、正覚の人生に覚醒《めざめ》、本願の道に喜びを見出した宗教体験を語るが、古仙の道、叡智に学ぶことも大切であろう。

どのような一生を形成するかは自身の責任であろう。

このような視座から、現代人の老若男女の人生論を語ることができたらと、誰にでも理解できるやさしい言葉での仏教の智慧の扉をひもとく構想、計画をもった。

仏教の智慧を人々が理解できる現代語で語る衆生救済論に、少しでも近づくことができたらとの希望を抱き、問題の所在、課題を解く思いである。

今、正定聚《しょうじょうじゅ》という仏教語、必ず証果を得ると定まった仲間、集団（聚）が心に響きわたり、心の糧として主体的な覚醒、われらの人生に自覚を促すのである。

第一章　浄土論本論

一　帰敬偈《ききょうげ》　一心帰命の信　世尊我一心釈

世尊我一心　歸命盡十方　無碍光如來　願生安樂國

世尊、我一心に、尽十方無碍光如來に歸命して、安楽国に生まれんと願う

和訳

世尊よ、私は一心に
尽十方無碍光仏《じんじっぽうむげこうぶつ》に
わがまことをささげ　如来に帰命して
安楽の国に生まれたいと願う。

解釈

世尊である、世に尊き、釈迦牟尼如来よ、私は心を一つにして、一心に尽十方無碍光如來（仏の光明が十方をあまねく照らして、さえぎられることがない光の仏、阿弥陀如来）

に帰命して、かの安楽国に生まれたいと願いたてまつる。

帰敬（仏に帰依して尊敬する）偈（韻文の形で仏徳を賛嘆し教理を述べる頌）である。

なぜ浄土へ往生したいのか。

なぜ願生《がんしょう》浄土《じょうど》ということを言われるのであろうか。

この我れは、自利利他、つまり自分も救われ人をも救って行きたい。自分だけ助かろうという道ではない。苦悩の衆生を捨てずして、常に心に作願して、我も救われ人も共に救われる。我という言葉の背後には「救われ難い苦悩の衆生、われらの存在」があり、浄土往生よりほかに道がない。普く、諸々の衆生と共に、安楽国に往生せんとの願生道のみが、真に五濁の世を救うものであることを明白にする。自分自らが帰依する処は、身命を捧げてまことなるもの、尽十方の碍《さわ》りなき光、如来に帰依し、その前にひざまづいて、合掌礼拝する帰命の心であろう。一切をなげうって阿弥陀仏の救いをたのむ帰命願生《きみょうがんしょう》である。

浄土への往生を願う願生は、阿弥陀仏の安楽（極楽）浄土に生まれたいと願うことである。

阿弥陀仏がたてた本願を信じて、一切をまかせて、極楽浄土にやってこいという仏のおおせ、命令を感じ、敬い順ずる心であろう。

われら極楽浄土への道を説く『浄土論』の二十四行の偈の初めの第一行である。

二十四行は五念門に配当される。

（一）礼拝門。身に阿弥陀仏を敬い礼拝すること。

（二）讃嘆門。光明と名号のいわれを信じ、口に仏名を称えて阿弥陀仏の功徳をたたえること。

（三）作願門。一心に専ら阿弥陀仏の浄土に生れたいと願うこと。

（四）観察門。浄土の荘厳、阿弥陀仏・菩薩のはたらきを観察し、信知すること。浄土の荘厳を思いうかべること。

（五）廻向門。自己の功徳をすべての衆生にふりむけてともに浄土に往生したいと願うことである。

「世尊我一心　帰命尽十方　無碍光如来　願生安楽国」の文には三念門、即ち礼拝門、讃嘆門、作願門が含まれる。上の三句は礼拝門、讃嘆門であり、下の一句は作願門である。

㈠　礼拝門

帰敬偈といわれ、僧侶による中陰法要、初七日からの四十九日迄の菩提を弔う法要に、この二十四偈、願生偈及び念仏和讃、廻向の読経が行われる。このお聖教は、御門徒にもよく知られている。

「世尊よ、我一心に　尽十方無碍光如来《じんじっぽうむげこうにょらい》に帰命《きみょう》して　安楽国に生まれんと願ず」との讃歌は「世尊よ、わたしは一心にあなたのみ教えにしたがって、ふたごころなく尽十方無碍光如来をたのみたてまつり、安楽浄土に生まれさせていただこうと願っております」という帰敬偈第一首四句の第一偈である。

世親菩薩は、釈尊入滅後の像法の世に往生を願われた。

仏教の歴史観は、正法の時代、即ち釈尊が在世し、教行証がすべて備わっている時代、教行のみの像法の世、教のみの末法の世と、正像末の時代区分、三時を説く。

世尊とは、ゴータマシツダルタ、仏陀世尊である。

北魏の曇鸞《どんらん》（四七六～五四二）は「世親菩薩造曇鸞法師註釈す」と『浄土論註《じょうどろんちゅう》』を著述し「我一心とは世親（天親）菩薩が自らをはげまされた言葉である」という。

これは無碍光如来を念じて安楽浄土に生まれたいと願われ、心にたえまなく念じて雑念が少しもまざらない心境である。三通りの区別がある。

(一)邪見語《じゃけんご》。自分を誇張した自我の固執から生ずる邪《よこ》しまな言葉。我を実体視し、それにとらわれるよこしまな見解を表す言葉。

(二)自大語《じだいご》。驕慢《きょうまん》の心から生ずる。自らをみせびらかし、尊大に見せる言葉。自分が他よりすぐれていると思う慢心を表す言葉。

(三)流布語《るふご》。世間一般に使われる言葉。日常語である。

我れというのは、普遍一般のわたくし、わたくしたちを意味する言葉である。

浄土論の冒頭の一心の華文、一心を顕した華麗な文章の一心とは、心にあることに専注して乱れない状態、即ちひたすら阿弥陀仏の本願を信じる心、真実信心を言い、一心に目覚めた「わが身」を表す流布語である。

尽十方無碍光如来とは、阿弥陀仏のことである。仏の光明が十方をあまねく照らしてさえぎられることのない光の仏、阿弥陀仏を意味する。その阿弥陀仏に身命を捧げ心からのまことを表す。一切をなげうって仏の救いをたのむ、阿弥陀仏のたてた本願の願いを信じ、救いをたのみ、一切をまかせ極楽浄土に生まれることを願う。それが礼拝門即ち帰命であると言う。礼拝は仏を拝む恭敬《くぎょう》であり、おのずから礼拝する主体的な帰命の姿勢は重要である。

㈡　**讃嘆門**

尽十方無碍光如来の一句は、讃嘆門である。

如来のみ名を称え、如来の智慧の光の智慧の明るさにより、心を呼びさまされ、如来に相応し修行したいと思う讃嘆門である。

㈢　**作願門**

『願生安楽園（安楽国に生まれたいと願う）』この一句は作願門である。『浄土論』で説く五念門の一つ、仏の悟りを得て、世の人を救おうと誓い浄土往生を願うことである。世親菩薩の帰命心である。阿弥陀仏の安楽、浄土極楽に生まれたいと願うこと。その極楽は、一切の苦悩を離れた諸事が円満具足している安楽世界のこと、阿弥陀仏の浄土である。心配や悩みなどなく、安楽であり、非常におちついた楽しい境遇、この上もなく楽しい状態や場所などの例としての安楽国である。一心帰命の信、展開して花開く、願生の世界である

造論の意趣（二行目）

「我依修多羅　真実功徳相　説願偈総持　与仏教相応」

我れ、修多羅《しゅたら》、真実功徳の相に依って、願偈を説いて総持して、仏教と相応す

和訳

わたくしは、釈尊が経典にお示しになっている真実の功徳のすがたに帰依し、願生偈をつづって、仏のみお教しえに相応することを願う。

解釈

真実功徳相の功徳に二種類がある。

一つには、煩悩にとらわれた心より生じて、存在の道理にしたがわないもの。凡夫としてのその世界の諸の善根それによって起こる結果は、みな本末を顚倒し（物事の根本と枝葉、はじめと終わりをさかさにする等）、みな虚偽であり、真実にかなったものとはなり得ない道である。それ故に不実の功徳と名づける。

二つには、菩薩の法性に順ずる清らかな智慧の働きによる清浄な業（行為）にもとづいて、仏が衆生（諸人）教化の事業を立派におこない、仏の果報を成就する道である。これは存在の道理にしたがい清浄の相にかなっていて、この法は、存在の道理に順じているか

ら顚倒せず、衆生をつつみ入れて、必ず仏道のきわみである浄土に入らしめるから虚偽がない。これを真実の功徳という。

人生の意義

「願偈を説いて総持して、仏教と相応す」

願は、往生をこいねがうことである。偈は、五言の偈をつらねた韻文である。説とは、諸々の偈と論とを説くことである。総は少によって多をつつみとること。持は散ぜず失わないことをいう。

『無量壽経』の本意、本願の目覚め、その本願の心を説く。仏教、仏道の智慧を伝承し保ち、釈尊の教勅、弥陀の誓願にあいかなう。

「仏教と相応す」とは、仏の教えと相応するということである。そのことが深き関心事であり、往生を願う偈、韻文を説くことによって仏の教えとぴったりとあう。『無量寿経』に真実の仏教の真髄を見たが、この仏教に随順する満悦を表し、相応する喜びを願生の歌は表している。

㈣　観察門

ここからは、浄土の二十九種、仏国土十七種、仏八種、菩薩の四種荘厳を説く。生まれんと願う、願生である。

㈤　廻向門

本願力廻向である。

本稿一一四頁、五念門を参考の事。

観察門

(ア)　仏国土　仏の国　極楽浄土の荘厳　十七種

第一　清浄性　清浄功徳

観彼世界相　勝過三界道　究竟如虚空　廣大無邊際　正道大慈悲　出世善根生

かの如来の世界を観ずるに、三界の道に勝過せり。究竟して虚空のごとし。廣大にして辺際なし。正道の大慈悲の心の、出世の善根より生ず。

和文

かの浄土、安楽国土のおすがたを観想、思い浮かべて見ると、すべてこの世とは次元を異にし、迷いの三界をはるかに超えていて、究極にして虚空のごとく廣大であって限界がない。それは正道の如来の大慈悲であり、純粋の善意から生じたものである。

浄土

ここからは三種荘厳つまりお浄土のことを説く。

三種荘厳とは

一　国土荘厳、浄土の風景である。

依報十七種の荘厳ともいわれ、身心のよりどころになっている国土世界、住する場所、環境世界等々、十七種に分かれている。過去の行為の報いとして得る身のよりどころである国土、極楽浄土をさす。極楽浄土の官殿、樹木、道、池等がすべてがおごそかに飾られている。依報の荘厳である。

二　主荘厳

浄土の主人公である阿弥陀仏の功徳を讃嘆する仏八種の荘厳が説かれる。

三　菩薩荘厳

菩薩荘厳は、菩薩四種の荘厳で浄土の菩薩たち、聖たちの荘厳功徳が説かれる。

「観彼世界相」より続く「如鏡日月輪」に至る文は、浄土の体相（本体とその特質すがた、ありさま）因果（原因と結果の法則、因果関係）を説明する。

先の帰敬偈と造論意趣の偈とが終わって観察が始まる。観察の対象として仏のまします仏国土の荘厳（厳かな飾り）功徳（仏がもたらす福徳）が述べられる。仏功徳の荘厳功徳は、不可思議力を成就している。国土荘厳には十七種あり第一は清浄功徳、清らかでけがれない煩悩や悪行がなく清らかな福徳である。

「正道大慈悲」以下「如鏡日月輪」迄の四句は、第三の性功徳、第四の形相功徳を頌せられたもの。性功徳は、浄土は、大悲の願心より成れることを彰わしたもの。即ち大慈悲ということを顕わす。大慈悲は、一如の道に乗じて衆生を一如の世界へと導く。浄土の中心をなす根本功徳は、清、浄、量（大きさ）、性（変わらない本性）の三荘厳に尽くされている。

第四の形相功徳は、万象が一味の光をうけて相互に相照らす光景を説かれたもので、浄土の体そのものが、光明を満足していることを明らかにしている。

仏はどうしてこの荘厳を起こされたのか。

それは国土に見られるように、愛欲によってのゆえに欲界があり、禅定を修して俗界を厭うことによって色界、無色界がある。

三界はすべて「煩悩」にとらわれており、邪な道によって生じたものである。人々は大きな迷いの中にぐっすり寝っていて覚めを知らない。そこで仏は大悲の心をおこして、この上ない正見の道をもって清浄な国土を起こし、人々をこの三界から出させようと願われた。それが大慈悲である。

浄土は、法性に従い、法の根本にそむかない。性は、聖種性《せいしゅしょう》のことである。

十地の位にある菩薩の煩悩の根本である無明を断ちつくした悟りの境地であり、法蔵菩薩は、世自在王仏のみもとにて無生法忍《むしょうぼうにん》を悟られた。無生法忍は、一切の事物、事象の無生無滅を悟り、その悟りを得た心の安らぎをいう。この時の位を聖種性と名づける。

法蔵菩薩は、この性の位にあって四十八の誓願をおこし、この土を修起せらされ、これを安楽浄土といった。

安楽浄土は、聖種性における発願《ほつがん》（願いをおこすこと）によって得られたものである。

清浄で平等な無為法身（色も形もない常住普遍の真理そのものである。不生不滅にして本来常住である仏）を得る。正道の大慈悲は、平等であり、世を超え出た善であり、安楽浄土はこの大悲より生ずる。安楽浄土は、広大できわみなく、清浄の光明が充満しておらぬところもない。だから「浄光明満せること、鏡と日月輪の如し」という。

観察門

仏国土の荘厳　清浄功徳

「観彼世界相　勝過三界道」

彼の世界の相を観ずるに、三界の道に勝過せり。

和文

かのお浄土、安楽国土の姿を観想し思い浮かべて見ると、三界の道に勝過せる彼岸の世界がある

解釈

阿弥陀仏の国、浄土のすがたを思い浮かべる観察門である。仏国土荘厳の第一、浄土の清浄性をかざる荘厳清浄功徳成就である。

彼の安楽国世界の清浄、安楽世界の清浄の相を仏智で観察すると、三界（欲界、色界、無色界いわゆる六欲天、四天下の人、畜生、飢餓、地獄等）の道に勝れている。愛あるがゆえに悩む人間がそこに存在する。

三界は、およそ生死の凡夫の流転きわまりない闇の宅《すみか》であって、煩いと悩みの中にある。苦楽の多少、寿命の長短の差があり、これを観るに煩悩のけがれのないものはない。

禍と福とはあいよりよられ、互いに重なり、いつはてるとなくめぐり、雑然たる生をうけて、四顛倒《してんどう》、即ち道理に背く四種のよこしまな見解、妄見に長く拘束されている。因も果も、虚偽の姿をくりかえしている。

四顛倒は、生存者についてそれが常・楽・我・浄であると考えることである。

（一）常《じょう》顛倒　無常なものを永遠とみること
（二）樂《らく》顛倒　苦を楽と見ること
（三）我《が》顛倒　無我を我ありと見る
（四）浄《じょう》顛倒　不浄なものを清らかであると見ること

以上の四倒である。

彼の安楽浄土は、菩薩の慈悲の正観より生じ、如来の不思議な力と本願によって建てられたその浄土を願い、念ずることにより、われらは三界に処していくことができる。

胎生（母胎より生まれる人や獣の類）、卵生（卵から生まれるもの鳥等の類）、湿生（湿気によって生まれること。蚊、魚、亀、蛙等）は、はるかに去り、業の繋縛《けばく》（煩悩によって縛られ自由を失っている）の長い網は、これによって永久に断たれるのである。浄土は三界道を超え業と苦なきことを説く。

この二句は観察荘厳清浄功徳成就と名づける。

浄土の姿を思い浮かべて見るということは、仏の本願を思い浮かべることである。

仏国土荘厳

第二　無量性　量功徳

荘厳量功徳の成就である。量功徳、三界を超えた浄土の無量の徳が有限（量）の場所にあらわれた徳である。阿弥陀仏の無量壽、無量光の徳にめざめた往生人の志願の広大なることを示している。

「究竟如虚空　廣大無邊際」

究意して虚空《こくう》の如く廣大にして辺際《ほとり》なし。

和文

我が国土は、究まりないこと虚空の如く、広大にして辺際がない。虚空の如しとは、この国に来生する者の数が、いかに多くともなお無いに等しいようである。

解釈

十方の衆生の中で往生する者、すでに往生したもの、今往生するもの、これから往生するものは量りなくはてしなくあっても、つまるところ常に虚空のように広大で際限がなく、ついに満ちてしまい満員になるというときはない。だから「究りないこと虚空の如く広大にして辺《ほとり》なし」といわれた。明らかな無限の空間であり、量功徳の成就を示している。

仏国土荘厳

第三　大慈悲　性功徳

荘厳性功徳成就である。浄土の大慈悲の性、根本をかざる功徳である。

正道大慈悲　出世善根生

正道の大慈悲は世の善根より生ず

和文

浄土は、正道を立場とする如来の大慈悲なる利己的な功利心を超越した出世の善根、純粋の善意によって生じている。

解釈

仏は、国土を観察するに、愛欲によっての故に欲界があり、この世の醜悪な俗界を厭い、禅定を修して高上しようとして欲界を厭うことによって色界、無色界がある。この三界はすべて煩悩にとらわれたところであり、邪《よこしま》な道によって生じたものである。人々は大きな迷いの夢の中にぐっすり寝込んでいて、覚醒することがあろう等とは全く知らない。だから仏は、大慈悲の心、菩提心を興し、衆生（人々）を救いたいという平等のお心を発心なされた。われらが仏と成るには、この上ない正見の道をもって清浄な国土を起こし、人々をこの三界から出させようと願われたのである。

大慈悲、世の人々を導いて、悟りに至らせようという広大な慈悲の心こそ、仏道の正因（浄土往生の直接のたね）である、こうおっしゃる。平等の道を正道（正しい教え、悟りへの正しい道）という。大慈は世をこえ出た善である。安楽浄土は、この大慈より生ずる。みんなお浄土へ行く。この大慈をもって浄土の根本とする。だから世を越えていくところの根本、平等の大道「出世の善根より生ずる」という。その善根から出た世界、浄土はまことの道理にかない、まことをもって体としているから性功徳をいう。性とは、根本という意味である。浄土とは、法の性にしたがい、法の本《もと》にそむかず、法性にかなって荘厳されたところである。性とは「聖種性」のことである。法蔵菩薩が因位の時、世自在王仏のみもとで無生法忍（不生不滅の真理）をさとられたが、その時の位を聖種性と名づける。この位において法蔵菩薩は、四十八願を起こし長時修行によって国土を成就して下さった。この国土を安楽浄土という。

この国土は菩薩が聖種性の位によって発願し得られた結果である。

慈悲に三縁ある。

一　衆生の縁の慈悲（小慈）。生ける者をあわれみ悲しむ人間の日常感情の慈悲。

二　法縁の慈悲（中慈）。無我の道理を知って起こす聖者の慈悲。人の流転をいたむ慈悲。

三　無縁の慈悲（大慈）。廟堂の法性真如を見てすべての衆生を大慈する働き。

助けるべき縁のない有情そのものとなる法蔵菩薩の大慈。大慈の心は、出世の善根であり、出世間、煩悩を超えたさとりの善根が衆生を包み大慈する働きである。

安楽浄土はこの法蔵菩薩の大慈の心より生じているのである。

仏国土の荘厳

第四　形相《ぎょうそう》　形相功徳

荘厳形相功徳成就は、浄土の樹や池や楼閣等の形相《ぎょうそう》を飾る功徳である。

浄光明満足　如鏡日月輪

浄光明満足せること、鏡と日月輪との如し

和文

浄く明るく円かな光に満ちて、鏡のようにさながら日月が照り輝いているようである。

解釈

日や光がそれ自体が明るく満ち輝き、輝き当たるように彼の安楽浄土の国土は、広大であり、きわみがない。清浄の光明が照らして隅々までいたらぬところもやはりない。だから浄らかな光に満ちて鏡のように、日月が照り輝いているようであるといわれる。

お浄土の相は、清浄な光明がこの国の隅々まで照らし満たし、その光明が満ちわたらないところがないように浄光明満足、浄土そのものが皆、光明をもって満足している。浄土そのものが皆浄光明に満たされていて、鏡の如く、日月の如く光り輝いている。光明無量の世界、光によってできている世界であり、私たちの思慮分別を超えた世界である。

仏国土荘厳

第五　種々の事相　種種事功徳

荘厳種種事功徳成就。浄土の種々の事物をかざる功徳。一つ一つの事物は皆、法性の光の徳を宿している。その荘厳は、宝樹、宝池、宝楼であらわれる。

備諸珍寶性　具足妙荘厳

諸の珍寶《ちんぽう》の性《しょう》を備えて、妙《みょう》荘厳を具足せり。

和文

もろもろの珍宝をもって飾られ、妙なる荘厳をそなえている。

解釈

国土を見ると泥土で立派な住居を作り、木や石で荘厳な高殿をつくっている。いろいろ工夫をこらすのであるが心底より満たされることはなく、苦しみを受けて生きている。

お浄土には、そこに生まれる者を清らかな珍宝の性の飾りを国中に満たす。こういうことがある、と不浄でない浄土の種々の事柄を讃嘆せられた。

性とは根本の意味であり、真如をあらわす。根本たる願心が清浄であり、そこから生まれた荘厳が清浄であり、その心が清らかであれば、仏土は清らかである。

仏国土荘厳

第六　妙なる色　妙色功徳

荘厳妙色功徳成就である。浄土の妙なる色をかざる徳である。

無垢光炎熾　明浄曜世間

無垢の光炎熾《さかん》にして、明浄にして世間を曜《かがや》かす。

和文

無垢のかがやき燃えさかり、安楽浄土の清浄なる輝きが、この世の世間を照らし曜《かがや》く。

種種の功徳があって、浄土の色はわれわれの観念を超え無比であるから妙色《みょうしき》光明である。

安楽国土の光明は、煩悩の業より生じたものではなく、垢《よご》れた業を断ち切った清浄な業によって成就している。
その種々の功徳には皆、無垢の光が輝いている。
世間を照らすというのは、人の生きる所、器世間《きせけん》に真実が輝くということである。

仏国土荘厳

第七　柔軟さ　触功徳

荘厳触功徳成就（触功徳）である。浄土のめざめ、柔軟さをかざる功徳である。

宝性功徳草　柔輭左右旋　触者生勝楽　過迦旃隣陀

宝性功徳の草、柔軟にして、左右に施《めぐ》れり
触れる者の勝楽を生ずること、迦旃隣陀《かせんりんだ》に過ぎたり。

和文
いみじき功徳に満ちたる浄土の草は、柔らかく左右に生えめぐり、触ればカセリンダにまして、身も心も楽受を受く

解釈
お浄土は、金銀の相で美しい上に草のように柔らかい。お浄土の宝は、宝性功徳草にた

とえて柔らかく左右に旋る。触れる者は勝楽を生ず。この世に迦旃隣陀という草があるが、その草よりももっと勝れているのが浄土の宝性草功徳である。触れれば触れる程法悦を生ずるという。

迦旋隣陀とはインドの柔軟な草の名である。これに触れる者は楽しみを生ずることができる。浄土の柔軟な宝に触れれば、法を喜ぶ楽しみを生ずるという。

仏国土荘厳

第八　水、地、虚空、三種功徳

（一）水　水功徳

荘厳水功徳成就（水功徳である浄土の風土性）である。

寶華千萬種、彌覆池流泉、微風動華葉、交錯光亂轉

寶華千万種にして池流泉《るちせん》に彌覆《みふく》せり、微風《みふう》、華葉《けよう》を動かすに、交錯して光乱転す

和訳

千萬種の美しい花が、池や泉を覆《おお》い、そよ吹く風が、花や葉を動かし、光は花と入りまじり、きらめき合い乱れ合う。

浄土は美しい花が開き、互いに相照らし合って反射して光、乱転する。

（二）地　地功徳

荘厳地功徳成就（大地の功徳）である。

宮殿諸楼閣　観十方無礙　雑樹異光色　寶蘭遍囲遶

宮殿《くでん》、諸の楼閣《ろうかく》に十方を観るに無碍なり、雑樹《ぞうじゅ》に異の光色あり。宝蘭《ほうらん》遍《あまね》く囲遶《いにょう》せり

和文

宮殿の諸々の楼閣に登って、十方を観るに碍《さわ》りなく、樹々に異るひかりあり、宝の欄干をめぐらせとり囲んでいる。

解釈

宮殿の御殿に、楼閣が建っている。十方を見ると国土は山けわしくそびえたち枯木が横たわり、底なしの谷をいだいて連なり、雑草が生い繁っている。雑草がむなしく風になびく広い沢は、誰一人として足をふみ入れたことがない。菩薩は大悲の願いを興され、わが国土は、土地が平らで鏡のように十方におさまり、宝の樹々がそれをとりまき互いに照らしあうように願われた。

（三）虚空　虚空功徳

荘厳虚空功徳成就である。

無量宝交絡　羅網遍虚空　種種鈴発響　宣吐妙法音

無量の宝交絡して、羅網虚空に遍《へん》ぜん。種種の鈴、響きを発して、妙法の音を宣べ吐《は》かん

和文

無量の宝まじわりて、空にあまねく日ざしを防ぐ羅網あり。無数の金鈴が吹く風に響きたてて、仏の深遠微妙なみ法の楽を奏でたり。

解釈

国土を見ると煤煙《ばいえん》や、ちりが大空をおおいかくし、雷が稲光と共に大雨をふらせ、不吉な天災や虹がことごとく空からやって来て心配がかさなり、その為、身の毛がよだつ思いがする。

菩薩はこれを御覧になり大悲の心を興され、我が国土には宝でおおった羅網が大空いっぱいに広がり、羅網につけられた大きな鈴が五音の旋律をかなで、仏法の法音、説法、読

経の声を説き奏でる。これを見て、あきることなく仏道のことを思いその徳が身にそなわるように願われた。

仏国土荘厳

第九　花衣を雨らす　雨功徳　荘厳雨功徳成就

浄土の花、衣を雨《ふ》らす仏事をかざる。浄土の生活、物質をたまわるという功徳である。

雨華衣荘厳　無量香普薫

花衣を雨《ふ》らして荘厳し、無量の香普く薫《くん》ず

和文

華の衣に雨ふらば、無量の名の香《かおり》が四方に普く薫じわたる

解釈

国土を見ると、衣服を地にしいて尊敬する人を招こうとしたり、香り高い名宝によって恭りの心を表そうとしたりするのだが、善行がとぼしく、果報がまずいのでこのことを成しとげることができない。佛に花を供養したいと思っても花がない。着物を供養したいと思っても着物がない。そこで大悲の願いを興され、我が国土、浄土においてはつねに衣服

や花や名宝が皆、天から雨《ふ》ってきて、自由自在に供養することができ人々の心を満足させようと願われた。

日夜六たび、宝衣が雨《ふ》り、宝花がふる。その宝の質は、柔軟でその上を踏めば四寸ばかりさがり、足をあげると又、元にもどる。用が済めば、あたかも穴の中に流れ入るように地中に入っていく。だから、この二句を「荘厳雨功徳成就」という。妙なる香りがこの空いっぱいに満ちている。雨に関する仏教語に雨華《うけ》があるが、空から華が雨のように降る仏の説法の時の瑞兆をいう。

仏国土荘厳

第十　光明　光明功徳

荘厳光明功徳成就。光明をかざる功徳である。

仏恵明浄日　除世痴闇冥

佛恵明浄なる日のごとくして、世の痴闇冥《ちあんみょう》を除く。

和文

仏恵《ぶって》、如来の智慧は、明浄《みょうじょう》なる日光のように明るくこの世の闇を除去する。

解釈

国土に見られるのは、日の光が人々の項《うなじ》や背を照らしても、円光があるのだが、無知の愚かさの為、闇《くら》まされていて、人々の愚痴の闇は除くことができない。だから願って、我が国土のあらゆる光明は、よく愚痴の闇を除いて仏の智慧に入らしめ、無利益におわることのないように言われた。安楽国土の光明は、如来の智慧より生ずるがゆえに闇冥《くらさ》を除くことができるという。仏の智慧は、明浄の日の如くに世の闇を除く光明であろう。光明というは智慧のことである。智慧光の無限性を顕示する。光明に照破せらるべき暗黒そのものである。

『無量寿経』には、阿弥陀仏の光明を十二に分けて説く。十二光が説かれる。光は無量であり、無量光仏、無辺光仏は、尽十方に無碍である。無碍光、何物にもさまたげられない光、救いのはたらきである。

よく衆生の貪欲《とんよく》（むさぼりの心、婬欲）と瞋恚《しんに》（怒り）と愚痴《ぐち》（愚かでものの理非がわからない）の根源を知り、浄化せんとする清浄と歓喜と智慧との光がある。それは永遠不断の光である。難思、無称の光である。衆生の内奥を照らす超日月光である。

阿弥陀仏の光明、十二光仏を示すと

一　無量光仏《むりょうこうぶつ》　無量光amitābha、阿弥陀仏の光の与える恵みの永遠にして限りないことを讃えたもの。

二　無辺光仏《むへんこう》　阿弥陀の光の無量の光、十方を照らすこときわほとりなく一切の世界を照らして限りないこと。

三　無礙光仏《むげこう》　なにものにもさまたげられない光、その救いの働き。

四　無対光仏《むたいこう》　他に較べるものがない明るい光、仏の光の意。

五　焔王光仏《えんのうこう》　炎の燃え盛るように光り輝く仏。

六　清浄光仏《しょうじょうこう》　清浄な光を放って衆生の罪を除く。

七　歓喜光仏《かんぎこう》　この光に照らされたものに歓喜の心を起こさせ、怒りを去られる。

八　智慧光仏《ちえこう》　阿弥陀仏の光明は、智慧そのもので当然、名号は智慧であり、智慧の念仏のことである。

九　不断光仏《ふだんこう》　絶えまなく照らす阿弥陀仏の放つ光。

十　難思光仏《なんしこう》　思いはかることのできない心の及ばない光。
十一　無称光仏《むしょうこう》　言葉をもって表現しようにもそのすべてがない光。
十二　超日月光仏《ちょうにちげつこう》　仏の光明が日光の光を遥かに超えたものであることを讃えたもの。
浄土は、光の世界である。無量光明土《むりょうこうみょうど》である。明らかなる光に照らされている。そういう世界が浄土であり、光明無量と智慧をあらわす。浄土の本体は、本願弥陀の本国、四十八願であり、阿弥陀仏の本願こそが浄土の本体である。

仏恵明浄の日とは、浄土そのものが即ち仏の智慧を備えている。

阿弥陀の智慧の光が、浄土を通して仏の智慧、智慧の光が輝く。浄土という相において阿弥陀の光、浄土の光が輝く。浄土には仏の智慧があってその智慧は平等である。老少善悪、男女貴賤を選ばず、平等の恵みの中にある。

浄土とは、寂滅である。愛欲に溺れる心、そこに寂かな涅槃の光をもって愛欲を浄め、寂滅の恵みをもって瞋恚をうるおしていくのが浄土の徳であり、平等寂滅の日の光が世の愚痴、無明、貪欲、瞋恚におおわれているこの世の闇を除く。彼岸の光が除く。

仏国土荘厳

第十一　妙なる声　妙声功徳《みょうしょうくどく》

荘厳妙声功徳成就。妙なる法を説く声をかざる功徳。

梵聲悟深遠　微妙聞十方

梵声の悟り深遠にして微妙なり、十方に聞こゆ。

和文

深き悟りに導く清浄の声は、十方に聞こえ、世の人々を悟らせる。

解釈

国土には善い法があっても、名声は遠くまで届かない。届いたとしても微妙であり、名声が遠くに及んだとしても、衆生に悟りを開かしめ悟らせることができない。だからこの荘厳を興された。

仏の御声、仏の説法の声が世に迷える人々を覚ますこと深くして、その声が十方に聞こえる。

梵声は仏の声、説法の声である。

西方極楽の浄土の阿弥陀仏の名号が、十方に聞こえるのである。深く遠くして微妙にして十方に聞こえる。そして、この聞法《もんぽう》が、世の人々の惑いを覚ます。

仏国土荘厳

第十二　主なる力　主功徳

荘厳主功徳成就。如来を法の王と仰ぐ徳である。浄土は、正覺の阿弥陀の法王によってよく住持《じゅうじ》された国であり、仏の光明と名声によってその国土の人民、衆生をよくめざます。

正覺阿弥陀　法王善住持

正覺の阿弥陀、法王　善く住持したまえり

和訳

浄土は、正しい悟り正覺の阿弥陀如来が、そこに法王として住持したもう。

解釈

正覺は「若不生者不取正覺《にゃくふしょうじゃふしゅしょうがく》」と、浄土に往生すれば、われらに正覺を取らすとの約束をせられた。その正覺の阿弥陀仏がお浄土に住し、お浄土の住持になっておられる。

阿弥陀仏のお浄土は、阿弥陀仏の本願によって荘厳せられた世界であり、阿弥陀仏を浄土の徳としてあらわされている。そこに安楽国土の妙味がある。

阿弥陀仏の本願を信ずる教えであり、弥陀をたのむ人こそ仏となる。弥陀中心であり、仏の思召しである。尊い仏の本願を聞かせて頂いたならば、自ら念仏を称えられる。仏の思召しがわかり、仏の声が聞こえる。浄土教は、われら凡夫の助かる法、真理である。

仏国土荘厳

第十三　仏の仲間　眷属《けんぞく》功徳

如来浄華衆　正覚華化生

如来浄華の衆は、正覺の華より化生す。

最初の二句は、眷属功徳といわれ、浄土の聖衆は、阿弥陀仏の眷属であるということ。浄土の聖衆の資格である。即ち、明らかに聖衆の徳を述べている。如来浄華衆は、阿弥陀仏の花より生まれた人々ということで、浄土の聖衆といい正覺の華より化生す、生まれると。

仏国土荘厳

第十四　法味《ほうみ》の受用　受用《じゅゆう》功徳

愛楽仏法味　禅三味為食

仏法の味を愛楽し、禅三昧を食と為す。

荘厳受用功徳成就である。仏法の味を愛樂し、禅三昧を食と為す。受用功徳の受用とは、受け用いるということ、つまり浄土の聖衆たちは仏法の味を愛樂し、常に仏法の味わいを楽しみ、願っている聖衆の生活である。

仏国土荘厳

第十五　苦難を越える道　無所難功徳

永離身心悩　受楽常無間

永く身心の悩を離れて楽を受くること常にして間《ひま》無きなり。

和文

如来をとりまく浄土の聖者たち、蓮の花のような仏の正覚の花から生まれる。心ゆくまで仏法の味を愛楽し、内省的な悟り禅定に生きる。

解釈

生活には心の憂い、身の悩みがあるのだが、身の悩みとは、飢渇、寒熱、殺害等である。浄土においては、その身心の悩みが全くなく、楽しみを受けること常にひまなく、身にも心にも楽しみを常にたえまなく受けることができるという意味である。

苦難を超えた安楽浄土の徳を示し、安楽を明らかにする。

とこしなえに身心の悩みを永く離れて、四六時中楽しみづくめである。楽しみを受けることたえまない。

われらは煩悩具足の凡夫、煩悩妄念の絶えない世界に生活しているのであるが、念仏することにおいて、浄土の聖衆の一員になり、愛樂仏法味の生活になる念仏の徳がある。

仏国土荘厳

第十六　平等の道　大義門功徳《だいぎもんくどく》

大乗善根界　等無譏嫌名　女人及根缺　二乗種不生

和文

大乗善根界には、等しくして譏嫌の名なし　女人及び根欠と二乗の種は生ぜず大乗善根界、浄土は大慈悲による平等一味の世界であり、そこには女人、根欠、二乗もなく、男女の性別はなく、不具者は器官を具足している。

解釈

阿弥陀仏の世界は、大乗善根の世界である。功徳の種を植えた大乗の人の世界、極楽浄土をいい、大乗の善根功徳がみのる世界である。利他救済に専念する菩薩道であり、自利利他円満の道が大乗である。

大乗の善根が育つ国、大乗の善根によって成り立っておるところの世界であり、譏嫌《きげん》（機嫌。そしり、嫌い、世人を嫌悪すること）の名なしとは、そしりの名はなしということである。

女人及び根欠（目、耳などの機能を欠いている）二種の種が譏嫌の体である。女人は仏道の器でない。女人非器である。大乗の菩薩の精神、自らも救い人をも救っていこうという精神は、女にはない。女人は仏になることはできない。根欠というのは眼がみえず、耳が聞こえぬ五官（眼、耳、鼻、舌、身）が欠如している。

二乗は、声聞（釈尊の説法を聞いて悟る弟子）と縁覚（単独に悟った仏、独覚）であり、ただ自らの涅槃のみを求めて、世を救い衆生を救おうという心がない。本当の悟りを開くことができない。ところが往生浄土においては女人も根欠も二乗もない。この世において女人であり、根欠であり、二乗であっても、浄土にいくと女人は男になってしまう。根欠も六根具足の者になる。

声聞縁覚のような根性の者でも、浄土に種は生ぜず。浄土の徳にて浄土の證は平等、平等一如の世界である。女人も根欠も二乗も皆往生する平等の世界である。

浄土往生を願う人になれば、その道を聞き、涅槃を求める人になる。世の人の救いとなり、世の光になることができる。

仏の説法の声を聞いてさとりの道を進んでいく。弥陀の本願に乗托すれば浄土へ生まれかわることができる。女人も根欠も二乗も皆、阿弥陀仏の本願に乗托すれば浄土へ往生することができる。念仏往生を願う人、念仏を申す身になり浄土を願う人になれば、同一念仏の境地を受け取ることができるようになる。

仏国土荘厳

第十七　願いを満たす　一切《いっさい》所求《しょぐ》満足《まんぞく》功徳《くどく》

浄土の十七種荘厳が衆生の願いを満足する功徳である。

衆生所願楽　一切能満足

故願生彼　阿弥陀仏国

衆生の願樂する所　一切能く満足す

それゆえ我れ、彼の阿弥陀仏の国に生ぜんと願ず。

和文

求めるものが何であろうと、そこでは一として満たされぬということはなく、全てをめぐみ満たす。

それゆえに私は、かの阿弥陀仏の国に生まれたいと願わずにいられない。

解釈

念仏して浄土を願うべし。そうすれば必ず静かなる境地を与えられる。不安をとり除く、浄土へ往くとそれができる仏法のありがたさである。この世は出世する路がない。失敗者、落伍者にもなる。庶民として朽ち果てることもある。浄土を願う身となると、喜びを見出し、本願の恩のあることを感じ、念仏の大道を歩む。浄土に生まれれば、永遠の命を与えられる阿弥陀仏の国へ行きたいと思う。

結び

阿弥陀仏の国に生まれんと願わずにはおられぬようになる。願生浄土の望みを果たすように希望する人になる。

ここまで仏国土荘厳十七種の功徳成就を観察し、しめくくる。

結びの言葉である。

(イ) 仏の荘厳　観仏功徳

(一) 阿弥陀如来の荘厳功徳の観察　八種

第一　蓮華の王の座　座功徳　荘厳座功徳成就である。

無量大寶王　微妙浄華臺

無量大宝王、微妙の浄花台にいます。

和文

何よりもその我国には、無量の大宝の王たる如来が、清浄微妙な浄花台に座っておられる。

輝きわたる姿、形のこうごうしさはこの世のたぐいではなく、眼で見られる対象はすべて衆生、人々を超えている。

解釈

「無量大宝王　微妙の浄花台にいます」と言うこの漢文の二句は、荘厳座功徳成就と名づける。ここからは仏の八種荘厳功徳を述べる。

第一の功徳は座功徳と言い、阿弥陀仏の量りなき大宝王、宝より成り立っている甚深微妙の浄き台の上にいる仏の台座を讃歎している。

次に身業功徳。座の上に座っておいでになるお姿の功徳があり、座から見上げて、その上にある仏のお姿を拝するということになるであろう。

佛は、蓮華の上に座っておられ、拝まれる仏の荘厳をあらわしている。座の前にひざまづき、頭を垂れて尊重するお方、大宝王であるという。仏の御徳の威徳広大なるをあらわす。仏の座は、本願成就の浄土、正覚の華である。「相好の光一壽なり。色像群生に超えたまえり」この漢文の二句は、荘厳身業功徳であり、仏のお姿の徳である。

第二　身業の徳　身業功徳　荘厳身業功徳成就。仏の身、口、意の三業の一つ、仏の身業功徳を讃嘆する。

相好光一尋　色像超群生

相好の光一壽なり、色像群生に超えたまえり。

解釈

仏の姿は、仏の具えている三十二のすぐれた外見的な身体的特徴、三十二相八十随好《さんじゅうにそうはちじゅうずいこう》を具え、光一尋（ひかりの長さ一ひろ）である。その光明は背中の光明として一尋で輝いている。

色形が、光顔巍巍（仏の柔和な光り輝く顔）として、よろづの群生、人々に超えた尊い姿をわれらは拝むことができる。信心を獲得すれば、おのずから往生は決定する。信心と往生は一つである。願生するということで得生、極楽浄土に生まれことができる証拠である。

　信心のあるところには歓喜がある。信の一念に立つとそこに仏恩のありがたさを感ずる。仏様のことを思い出し、心に深く思って忘れない。いつも心に思いおこしている。憶念《おくねん》したとき信が現在する。

至心《ししん》、信樂《しんぎょう》、欲生《よくしょう》（浄土に生まれたいと願うこと）と、わが国に生まれんと欲う。衆生が浄土に生まれたいと欲《おも》い、如来が我国、浄土に生まれさせたいと欲《おも》う。欲生我国、そこに如来の招喚《しょうかん》があろう。如来の本願力、仏になる為の修行をして、その間にたてた誓願による力、仏様の本願力がある。

浄土に往生する道は、本願の招喚の声を聞く。だんだん聞いているうちに「聞其名号《もんぐみょうごう》信心歓喜《しんじんかんぎ》」われらのお助け、往生の願い、救いが成就する。信心、信の一念によって願生心が成就する。現在にお助けが成就する。

親鸞聖人は「真実信心の行人は、摂取不捨《せっしゅふしゃ》のゆえに、正定聚《しょうじょうじゅ》のくらいに住す。このゆえに、臨終まつことなし、来迎たのむことなし」とおっしゃった。

第三　口業の徳　口業功徳

荘厳口業功徳成就。

如来微妙声　梵響聞十方

和文

如来微妙の声、梵響、十方に聞こゆ

阿弥陀ほとけの妙《たえ》なるみ声は、そのよき響きが十方世界のすみずみまで聞こえている。

解釈

阿弥陀という名前がいかにも微妙であり、十方に聞こえている。

正覚の大音、さとりの徳が、阿弥陀の名として十方に響きわたっている。従って、その仏の名を聞く者は皆、忍をさとり、信を得て、喜びを得る。

妙声は、説法の声である。今現在説法であろう。

人は、なかなか我見に執着して、聞く耳をもたず、耳を傾けない。聞かないのであるが、仏の説法は、何人にも聞かせねばならぬ。仏の説法は耳を傾けねばならぬ。「聞十方」いたる処に聞こえる。仏の説法の聞こえない所はない。

仏の声の徳を讃め、耳を傾けずにおられない感化について述べられている。

いかにして私たちは、弥陀の本願を信受できるか。それは弥陀の本願を聞くことによる。弥陀の本願それ自体が聞く者に信受せしむ真実性を持っている。

仏荘厳功徳

第四　心業の徳　心業功徳

荘厳心業功徳成就。仏の心の業をかざる功徳。

同地水火風　虚空無分別

地、水、火、風、虚空に同じくして、分別無し。

和文

如来のおん胸に分別心のないことは、さながら地水火風や虚空のごとくである。

解釈

如来の心業功徳、心の功徳である。仏のお心というものは五大、地水火風虚空の如く分別なし。仏のお心は分別がない。心の動きが対象を思惟し計算する。物事の道理、善悪損得など考えることはない。心業は大慈悲「仏心者《とは》大慈悲是なり（『観無量寿経』）」。仏のお心は極めて慈悲深い大慈悲であり、心業功徳は大慈悲の功徳であろう。

仏荘厳功徳

第五　仲間たち　大衆功徳

荘厳大衆功徳成就である。

天人不動衆　清浄智海生

天人不動の衆　清浄の智海より生ず。

和文

不動の衆たる浄土の菩薩聖衆。天人とは、ともに仏の清き智慧の働きの広く深いこと、海の如く智海から生まれる。

解釈

如来は魏然として須弥山の如く、一切のものに超過して殊勝であり、丈夫の衆たる浄土の菩薩聖衆にとりまかれ、かしずかれ、仰ぎ見られる。

最初の二句は、荘厳衆功徳成就と名づける説法といわれるところに集まったすべての大衆その根性（生まれつきの習性）望み等は種々不同である為、仏の智慧についてゆけず、二乗に退却したり生死（迷い）に沈没したりする者もいて、大衆すべての人が等しく清浄ではない。

だから、願わくば私が仏となるからには、あらゆる天人は、皆、如来の智慧清浄海より生まれるようにとの願いを興された。

阿弥陀仏に、大勢のお弟子がおいでになる。仏道において退転のない大勢の弟子たち、聖衆がいらっしゃって、それらの聖衆たちは、皆、純粋清浄であるところの仏の智慧海、阿弥陀仏の智慧の中からお生まれになった。聖衆たちがおいでになる浄土は、皆菩薩聖衆のみであり、声聞だの縁覚だのいう雑善の者が居ない。清浄の智海より生ずる純粋の聖たちのみがいる。阿弥陀仏の周囲には大勢の聖たちがおいでになり、皆菩薩道を行じておられる仏の心業功徳の人々である。

仏荘厳功徳

第六　須弥山の如し　上首功徳

仏の上首、主である仏の徳を讃える。

次の二句は、荘厳上首功徳成就と名づく。

如須弥山王　勝妙無過者

須弥山王の如く勝妙にして過ぎたる者無し

解釈

浄土に在るところの聖たちは皆、そのお徳は、弥陀と等しくて清浄の地位を持っておいでになる方である。その上に阿弥陀仏の徳を成就している。浄土においては何人も阿弥陀仏に対抗する者はいない。皆、謙虚に阿弥陀仏に仕えて、そして阿弥陀仏のみのりを聞こうとする。阿弥陀仏を上首として仰ぎ、その教えを聞こうとする。阿弥陀仏はそれだけの威徳を持っておいでになる。丈夫衆とは四法を具足する者である。四法無き者は、身体が丈夫であっても行いは畜生に同じであるという。

仏荘厳功徳

第七　恭敬の道　主功徳

次の二句は荘厳主功徳成就と名づく。

天人丈夫衆　恭敬遶瞻仰

天人丈夫衆恭敬して　遶《めぐ》りて瞻仰《せんごう》したてまつる。

解釈

仏を仏として敬わない人がいる。天人大衆が、恭敬してあきることのないように、瞻仰《せんごう》、尊敬の思いを抱いてあおぎみる、見上げるようにしたいと誓われた。

仏荘厳功徳

第八　仏の住持の力　不虚作住持功徳

誰一人としてむなしくすぎゆくものがないように住持《じゅうじ》の力をかざる功徳。

荘厳不虚作住持功徳成就である。

観佛本願力　遇無空過者　能令速満足　功徳大寶海

如来の本願力を観ずるに遇《もうお》うて、空しく過ぎる者無し。能く速《すみ》やかに、功徳の大宝海を満足せしむ。

和文

仏の本願力を観ずるに、ひとたびこれを結びつけた者は、決して無意味に終わることなく、速やかに功徳の大宝海を満足せしめられる。

解釈

功徳の大宝海を満足する者は、現に如来の本願を信ずるものである。願生浄土という。願生のこころそのものは、われらの生活の根本態度であらねばならず、願生心により実在の浄土に向かう。真実の永遠常住の世界、安楽国は生まれんと願うことによりわれらの帰るべき本国、安楽国（『無量寿経』）に向かう。浄土とは何か。実在の浄土、常住の如来を見、真如を見、弥陀の浄土が発見せられる。弥陀の浄土は実在の浄土である、と決定するものは信仰であろう。

「観仏本願力　遇無空過者といふは、如来の本願力をみそなはすに、願力を信ずるひとはむなしくここにとどまらずとなり。能令速満足　功徳大寶海といふは、能はよくという。令はせしむといふ。速はすみやかにといふ。よく本願力を信樂する人はすみやかにとく功徳の大宝海を信ずる人のその身に満足せしむる也」（親鸞）。

仏の本願力を信樂する時、一切の功徳は速やかに満せしめられ与えられる功徳は広く、大きい。業と苦とに縛れない。

仏の本願力に遇うて空しく過ぐる者はない。本願力を信ずる者は、阿弥陀仏を見、阿弥陀仏に遇った者の功徳を得る。一生を空しく過ごしてしまうことは無い。

宿世の因縁、宿縁により信仰の花が開く。

法蔵菩薩の五劫思惟の宿縁があろう。宿善開発といい、過去世の善根、今まで修めてきた善根がある時期に花開きあらわれることによって信心が得られると説く。

これまでに修めた善い種が開きあらわれる。

信心を得るということは、善根の開発による（蓮如　文明七年五月　文明九年正月の御文）。

一を聞いて十を知る。南無阿弥陀仏のいわれを耳で聞く。始めのうちは何が何だかわからぬが、聞いていくうちに心に目覚めを感知する。

聞から信が出てくる。

善知識の言葉を縁として、世界が開けてくる。心が開けてくる。そこには宿善のなき前世に蓄えた善根がない無宿善の輩もいるであろう。

至心廻向といい、自らがまごころ込めて浄土に生まれるようと願い、発願するそのまことの心を、親鸞聖人は、阿弥陀仏が衆生に廻向するという本願力廻向論を説く。

救われるということは、如来の廻向にあずかる。念仏の廻向にあずかることを救いといい、お助けは現在にある。信の世界である。

弥陀の五劫思惟の本願、如来の本願をよくよく案じみると、阿弥陀仏の本願は昔からある。自分の親、祖先が法要を営み仏法を聴聞したから、それゆえ今日仏法は伝わっている。仏法に遇う因縁を頂いていることにより、たすけんとおぼしめし、たすける本願のかたじけなさよと大切なことに覚醒する。

尊き仏縁ということであろう。

救われようとして念仏する衆生と、それを救おうとする阿弥陀仏の慈悲心が一つに合して感じ、応ずる心の相交流の合致があるように思う。感応道交《かんのうどうこう》の世界である。

衆生の信心まことを感じて仏の力が自然とこれに応じ、衆生の感と仏の応とが互いに交融する。互いに通じて、かよい交わる。

師と弟子が相融合する。へだてなき道交があろう。弥陀をたのむわれらが如来のお助けをたのむと、如来は、われらを助けて下さる。

如来のお助けというものは、たのむことによってお助けを獲ることができる。仏をたのむ。たのむ衆生を助ける。

頼んだ時、同時にお助けを感じる感応道交というものがある。

本願の招喚の声を聞く。

仏さまの本願、われらのお助けを願って仏法を拝聴してゆく。聞き上手、下手があるのであろうが、途中でへこたれず聞法していくと次第に心が開けてくる。

われらは真実信心を得、心の糧を獲得するであろう。助かるまじき無有出離之縁の自分を助けたもう本願の不思議の南無阿弥陀仏。

自分の計らいをすてて念仏を申す絶対信順の心であり、信心のあるところには歓喜があろう。

一文不知のもの経釈のゆくぢも知らざらんひと。今日では義務教育、高等教育を得て一文不知の尼入道は見られぬであろうが、しかし、頭でっかちな知識の豊富な人間には、信心浅き、経釈のゆくえを知らぬ人が見られるのではなかろうか。

煩悩具足の凡夫が、直ちに本願一乗に帰することによって念仏で救われる。罪悪生死の凡夫が、弥陀の本願によって永遠の命を得る。われらは愚かなる者、煩悩具足の凡夫である。信を得ることによってお助けにあう。称我名号であろう。憶念、憶は心を一つの対象にむけて忘れないことである。念は常に阿弥陀仏を唱える。常に仏恩を知って忘れずに称名することである。

阿弥陀仏の本願を常に思い出して忘れぬ。

憶念とは記憶する、心に念じて保つこと、思いつづけること。心に念じ常に思い出すことである。

憶念弥陀仏本願《おくねんみだぶつほんがん》、阿弥陀仏を心に思い浮かべること。そこに「念仏衆生、摂取不捨」の救済があろう。念仏成仏自然なりである。

この名号をとなえる者を必ず助けようと誓われた。

願成就して信になる。

信を通してわれらに願いが開けてくる。信のない人には願いがない。

信心が肝要であろう。

信心を要《かなめ》と知るべし。罪悪深重、煩悩熾盛《しじょう》の衆生を助けんが為の願にてますます。信心によってはじめて願が成就する。

正定聚不退転の位に住する。

世親の浄土論の所説には、五念門、阿弥陀仏の浄土に生まれるための五種の行が説かれる。

自身が身を以て、心を以て自分自身を興す。法を実践し、仏智に自分自身が生かされていく。身を以て示す五念門の実践が、仏法興隆にもなる。

（ウ）菩薩の荘厳　四種の荘厳の観察

第一　不動にて応化する徳　不動応化功徳

安楽国清浄　常転無垢輪　化仏菩薩日　如須弥住持

安楽国は清浄にして、常に無垢の輪を転ず。化仏、菩薩の日、須弥の住持するがごとし。

和文

安楽国は清浄、清らかであり、そこにまします菩薩たちは、いつも無垢の教えを休みなく説き続けられている。仏、菩薩の報身の働きは、あたかも須弥山の如くゆるぎなく、日の光の如くあまねく衆生を教化する。

解釈

菩薩の功徳が述べられている。二つの意味がある。

一つは助化翼讃《じょけよくさん》である。助化は、師を助けて出家在家の教化の任に当たるもの。翼賛はたすける、補佐することである。

仏が衆生（人々）を済度するその衆生済度のお助け、それを補佐していく。菩薩が仏の化益教化《けやくきょうか》、衆生を教え導いて利益にあずかせることを助ける。

阿弥陀という王様のお仕事を助けていく。家来である菩薩がなくては満たされぬ。その菩薩の徳が説かれている。

もう一つの意味は、愛樂《あいぎょう》功徳《くどく》である。愛樂とは、真実の教えを心から信じ願い求めること。親しみ、愛することである。功徳は善行を積んだ報い、御利益《ごりやく》であろう。

衆生を利することを愛し楽しむ慈愛の心である。

浄土を願う人、願生行者の願いをあらわす。

多くの人々と共に救われたい、その願いを持っている。願生者の還相の相《すがた》である。還相の利益である。

往相の証果、還相の廻向、浄土へ生まれた者は、必ずこの世に還って来て思うが如く、衆生を済度することができるという。

浄土は、純粋無漏の国であり、そのお浄土にあっては、仏は、常に無垢清浄の法輪を転じておられる。ご説法をしておいでになる、即ち、菩薩の説法であろう。

「前念命終《ぜんねんみょうじゅう》　後念即生《ごねんそくしょう》」という善導大師《ぜんどうたいし》のお言葉がある。

「本願を信受するは前念命終なり。即得往生は後念即生なり」親鸞聖人（『愚禿鈔』）。

信の一念に自力の心が滅して必ず往生する身とさだまるとの心である。信心獲得の一念は前念命終である。

われらは、信の一念に自分の一生涯の大事なことを決定した。信の一念によってわれらは、わがすべきことは一切完了し、信の一念によって満足して死ぬことができる、満足して死ねる一念を獲得した。

信念即生ということは、信の一念と続いて必然的に連続して後念即生がある。直ちに不退の位に入り、往生浄土が決まる。信心決定のその時に往生は決定する。

信心決定を前念といい、即得往生を後念即生と言う。

連続して離れない前念後念合わせての一念である。

本願名号のいわれ聞きひらいて信心が決定するその時に、もうわれらの一生涯の目的を達した。その時に命終わることが自分の出世本懐である。それを前念命終という。信心決定すればその時に即得往生がある。同時というけれども前後がある。

われらは、仏法の念仏生活を続けて何年か生きていて、そしていよいよ臨終ということになれば、前念に命終すれば後念に即ち生ず。

本願を信じ受けることが前念命終であり、即得往生は、後念即生、即生まれるのである。信仰の問題は一生の問題であろうが、後生たすけたまえという後生は、前生に対し死後再び生まれることをいう。後生は、この今の生を終わって次の世界に生まれることをさし、又、生まれる生の未来のことをいう。

後生菩提、死後極楽にうまれる往生がある。

後生たすけたまえとは、死後極楽に生まれたいと願うこと。後生の一大事、後生大事、後の世の安楽を願うことであろう。

後生は、真実の生、永遠に死なない生、死のない生、そういう生を後生という。

生あるものは、死をまぬがれることができない。

後生とは死して始まるのではなく、生きている現在、今現在にある。

死んでしまえば何もないと考える誤った考えの人もいる。

仏教では断常の二見、つまり断見と常見をいうが、世間及び自己の断滅を主張して因果の理法を認めない。人は一度死ねば断滅して再度生まれることがないという断滅論は、因果律を認めぬ誤った考えである。生はこの世限りのものとし、死後の運命を否定して善悪とその果報を無視する見解は間違いであろう。

常見は、世界は常住不滅である。人は死んでも我（アートマン）が永久不滅であると執着する誤った考え方、見解に立つ人である。我身は、常住のものと執する、とらわれた考え方である。

霊魂不滅とするなら、本当の霊魂とは何か。

魂は久遠の昔からあろう。

凡夫の心には根本無明がある為、不覚の妄想心が起動する。信心の業識は、人間の魂であり、親があって魂ある人間をこの世に生んでくれている。従って、体は死んでも魂は死なない。

魂とは、南無阿弥陀仏という如来の本願により魂が目を覚まし、そして仏さまのお助けを頂く。

心身一如の人間の存在その精神とも言えるであろう。

菩薩荘厳

第二　同時に十方に至る徳　一念遍至功徳

荘厳一念遍至功徳成就は、同時に十方に至る働きをかざる功徳である。

無垢荘厳光、一念及一時　普照諸仏会　利益諸群生

無垢荘厳の光、一念及び一時に、普く諸仏の会を照らし、諸の群生を利益する。

和文

清浄無垢の美しい光明、一念の間にしかも同時にあまねく諸仏の大会を照らして、諸人衆生を利益する。

解釈

無垢荘厳光の無垢は、清浄、清き浄土のこと。清浄無垢のうつくしい光をもって一念の間に、しかも同時に純粋な光があまねく諸仏のつどいを照らし、もろもろの衆生を利益する。

純粋なる清浄な光が、数知れぬ衆生を教化しようと思う時、一念《ひとおもい》、一時《ひととき》に光を放って遍く諸仏の会《つどい》すべてを照らす。

願わくば、我が仏土の諸々の大菩薩は、あらゆる仏の国々を照らしてあられる国々の群生、人々を利益せられる。

一念《ひとおもい》の間にあまねく十方世界に至って、いろいろな仏の事業を為すようにと普賢菩薩の徳は、浄土に生まれ、浄土の証《さとり》を開いてのみあらわれるという。

菩薩荘厳

第三　諸仏を供養する徳　無余供養功徳

荘厳無余供養功徳成就である。

雨天楽華衣　妙香等供養　讃諸仏功徳　無有分別心

天の楽を花と衣と、妙香等を雨《あめふらし》て供養し、諸仏の功徳を讃ずるに、分別の心有ること無し。

和文

浄土の菩薩たちは、天の音楽、天の花、天の衣あるいは妙なる香《かおり》が雨るの如く供養し、諸の仏をほめたたえて分別《はからい》の心はない。自然の心をもって讃嘆し、漏れなく諸仏を供養し、讃嘆する。

菩薩荘厳

第四　三宝なき世界へ働く徳　偏至三宝功徳

荘厳偏示三宝功徳荘厳である。

何等世界無　仏法功徳宝　我願皆往生　示仏法如仏

何らの世界にも仏法功徳の宝ましまさぬ。我れ願わくば皆往生して仏法の示すこと仏の如くせんと。(皆が仏国土に生まれるように、仏の如く法を説かん。)

和文

どこかに、もし法雨の降らない世界があるならば、菩薩はすすんでそれらの世界に出かけ、おおいに仏法を宣布して仏が世にいましますと同様に教化を盛行する。

解釈

諸仏如来のところであまねく供養し、広大な起こすことのできない人々がいる。法蔵菩薩は、願いを立てて誓われたのである。如来の大慈悲は、つつしみ深く忍耐づよく衆生を教化する。浄土、如来の功徳を讃えられている。

意志の弱い菩薩は、無仏の国にあって仏道を興し、すべての衆生と共に救われたいという堅い慈悲の心がない。

そこで法蔵菩薩は、わが仏国土の菩薩は皆、勇猛な慈悲の心と堅固な志願に立ち、三宝のないところに至って衆生と共に三宝を興隆し、三宝がゆるぎなく荘厳され、人々に仏法が持たれるように、無仏の国に仏種（菩薩心）が絶えないようにしよう。我はそこに生まれ仏国土に生まれるように仏の妙法を説かんという。

偏示三宝の徳、偏く三宝を示す徳と呼ばれている。

何処に仏法の功徳のない処があろう、どんな五濁の世であろうと、穢土であろうと、そういう無仏の世界へ生まれて仏法を弘めることとあたかも仏と同じように行いたいと、法蔵菩薩は誓うのである。以上で菩薩の四種荘厳を観察することは終わった。

回向門　二十九種荘厳句　願生偈の帰結

我作論説偈　願見弥陀仏　普共諸衆生　往生安楽国

我れ論を作り、偈を説きて、願わくば弥陀仏を見たてまつり、普く諸の衆生と共に、安楽国に往生せん。

和文

私は、今、このように論をつくり偈を説く。願わくば阿弥陀仏を見てたてまつり、あまねくもろもろの衆生と共に安楽国に生まれようと願う。

解釈

廻向のこころである。

廻向とは、自らが積んだ功徳をめぐらして、すべての衆生と共に阿弥陀如来を見たてまつり、安楽国に生まれるようにという心である。

一切苦悩の衆生を捨てずして心に常に作願す。廻向を首を為して大悲心を成就することを得たまへるが故に。

「願見弥陀仏」は、阿弥陀仏を見たてまつることを得、阿弥陀仏の慈悲を知り、阿弥陀仏を拝見して、普く諸の衆生とともに安楽国に往生せん。生きとし生けるものたちと一緒に、阿弥陀仏の浄土へ往生したい「普共諸衆生　往生安楽国」と偈文は語る。

諸の衆生と共に安楽国に往生したい。

その諸の衆生とはいかなる衆生であるか。

五逆と誹謗正法を除いて十方衆生を皆救う、というのが阿弥陀仏の本願である。

何ら仏道修行を知らない者、何ら仏道の心掛けのない者、そのようなわれらが皆、往生する。

一切の苦悩の衆生を捨てず、煩悩具足の凡夫、苦悩の衆生もみんなと共に救われ、皆と共に喜んで行く。諸の衆生と共に救われたい。皆と共に助かる道、皆残らず救われるような道のみが本当のわれらの道であり、弥陀の本願の心であるという。

総説分　結び

無量寿修多羅章句我以偈誦総説竟。

無量壽修羅の章句《しょうく》　我れ偈誦《げじゅ》を以て惣《すべ》て説き竟《おわ》んぬ。

和文

無量壽経の語句、私は詩偈をもって本願を誦《うた》いすべてを摂め総説とする。

解釈

世親は己心を表白した願生の心情を表白する。

『無量壽経』（無量壽を説ける経）を、読んでの感激を特に世尊に対して啓白せられた。偈は、正しく世親の宗教的心行を直接発表するものであり、偈において世尊の宗教的感情、世親の己心が願生にあること、根本的、宗教的願心の体験、浄土の光景が現される。自分を救う書を発見し、如来の本願力、不思議により凡夫が浄土に往生できるその精神に触れたのであった。

今、自分は論を作り偈を説く『浄土論』を作り、二十四行の偈文を説いてきた。願わくば阿弥陀仏の慈悲を知り、阿弥陀仏を見たてまつり、普く諸々の衆生人々とともに安楽国に往生せん。生きとし生ける人々と一緒に、阿弥陀仏の浄土へ往生したい。十方の衆生、人々を皆救うというのが弥陀の本願である。一切の苦悩の衆生を捨てず、皆共に助かる道をお説きになったのである。

解義分　願生偈の大意を明らかにする　願偈大意章

論曰。此願偈明何義。示現観彼安楽世界見阿弥陀仏願　生彼国故。

論じていわく。この願生偈は何の義をか明かす。彼の安楽世界を観じて、阿弥陀仏を見たてまつり、彼の国に生ぜんと願ずることを示現するが故なり。

和文

この願い、仏の本願のこころを述べた詩句（偈）はいかなる意を示したものであるかを明かす。かの安楽世界を観察して阿弥陀仏を見たてまつり、それによってかの国に生まれたいと念願することをあらわす。つまり、それは彼の安楽世界浄土を思い浮かべ、阿弥陀仏を見たてまつって、阿弥陀仏を拝見し阿弥陀仏を見、拝んで安楽世界を観る。この観と見とによって彼の仏の国へ生まれたいという願いを示しあらわすものにほかならない。

解釈

経論などの内容を理解し、解説するに当たって総説と解義とに分けて説く。その解義《げぎ》の部分である。解義とは意義を説きあかし、経典の文を分解してその義理を知らせる、文の意を説き明かす解釈である。

彼の安楽世界を観る。お浄土を観る。浄土は七宝樹林八功徳水《しっぽうじゅりんはっくどくすい》からできており、浄土の相《すがた》を見ながらどういう風に浄土ができたのか仏の心を拝む。それが浄土を見るということであろう。

安楽世界を観ずる。つまり、仏の本願を思い浮かべて見る。一所懸命見ようとするのが観であり見であるが、こちらから耳を傾けて聞こうとしているといつの間にか仏の声、招喚が聞こえてくる。

阿弥陀仏がわが心の上に現れる。仏の本願を思って信心を頂き、彼の国に生まれんと願う。『浄土論』は、本願の心をあらわし、その本願を信じて浄土に生まれる。その信念の道、念仏道、それを説いている。

仏の智慧により生ずる信心　起観生信章

安楽国をどのように観察をし、どのように信心を生ずるか、五念門の行を解説し、明らかにする。

云何観　云何生信心。若善男子・善女人修五念門行成就畢竟得生安楽国土　見彼阿弥陀仏。

云何が観じ、如何が信心を生ずる。若し善男子、善女子、五念門を修して行成就しぬれば畢竟じて安楽国に生じて、彼の阿弥陀仏を見たてまつることを得。

和文

この安楽浄土をどういう風に観察し、どのように信仰したらよいかという。五念門を修して修行が成就すれば、必ず安楽国に生まれて、かの阿弥陀仏を見たてまつることを得る。願えば必ず浄土に行けるというその信仰はどこから来るか。信仰はどうして出てくるか。もし、善男子、善女子、仏法を聴聞しようという人々があったとすれば、五念門を修して行成就して、畢竟安楽国土に生じ、彼の阿弥陀仏を見たてまつることを得る。

解釈

「云何に観じ云何に信心を生ずるか」という問いである。

その答えは五念門を修せよ、五念門の行を修する生き方がある。浄土に生まれて、いよいよ深く阿弥陀仏を仰いで、阿弥陀仏のお心を知ることができると答えられたのである。

五念門

何等五念門。一者礼拝門、二者讃歎門、三者作願門、四者観察門、五者廻向門。云何礼拝、身業礼拝阿弥陀如来・応・正遍知。為生彼国意故。云何讃歎、口業讃歎。称彼如来名如彼如来光明智相如彼名義欲如実修行相応故。云何作願、心常作願。一心専念畢竟往生安楽国土欲如実修行奢摩他故。云何観察、智恵観察。正念観彼欲如実修行毘婆舎那故。

彼観察有三種。何等三種。一者観察彼仏国土荘厳功徳、二者観察阿弥陀仏荘厳功徳、三者観察彼諸菩薩功徳荘厳。云何廻向、不捨一切苦悩衆生心常作願　廻向為首得成就大悲心故。

五念門とは何か。一つには礼拝門《らいはいもん》。二つには讃嘆門《さんだんもん》。三つには作願門《さがんもん》。四つには観察門《かんざつもん》。五つには回向門《えこうもん》なり。

云何に礼拝する。身業に阿弥陀如来・応・正遍知を礼拝したまいき。彼の国に生じんが為の意なるが故に。

云何に讃嘆する。口業にて讃嘆したまいき。彼の如来の名を称し、彼の如来の光明智相の如く、彼の名義の如く、実の如く修行し相応せんと欲するが故なり。

云何に作願する。心に常に作願す。一心に専念して、畢竟じて安楽国土に往生して、実の如く奢摩他《しゃまた》を修行せむと欲うが故なり。

云何《いかん》に観察する。智慧にて観察するなり。正念に彼《かしこ》を観ずること、実の如く毘婆舎那《びばしゃな》を修行せんと欲うが故なり。

彼の観察に三種あり。何を三種とするか。一つには、彼の仏国土の荘厳功徳を観察す。

二つには、阿弥陀仏の荘厳功徳を観察す。三つには、彼の菩薩の荘厳功徳を観察す。云何に廻向する。一切苦悩の衆生を捨てずして、心に常に作願す。廻向を首と為して、大慈悲を成就することを得たまえるが故に。

和文

どのようなものが五念門か。一つには礼拝門。二つには讃嘆門。三つには作願門。四つには観察門。五つには回向門である。

第一の礼拝門。これはかの国に生まれたいと念じながら身のしわざをもって阿弥陀如来、まさに、完全に悟った等正覚の阿弥陀如来を礼拝したてまつる。阿弥陀仏の像を礼拝すること。

第二の讃嘆門。これは口のはたらき、口業《くちのわざ》をもって讃嘆したてまつる。如来のみ名を称え、彼の如来の光明智慧相の如く彼の名義の如く修行し、一致するように、口に名号を称えおもうのである。

阿弥陀仏の名をほめたたえること。称念念仏、念我称名（我れを念じ名を称える）。称名憶念である。

第三に作願門。どのように作願するのか。これはいつも心に願い求め、一心に専ら阿弥陀仏を念じて必ず安楽国土に往生して奢摩他《しゃまた》（止）を修行したいと思うからである。心のまことの落ち着きを得ることができるのである。

阿弥陀仏の浄土に生まれたいと一心に願うことである。

第四の観察門。どのように観察するのか。智慧をもって観察するのである。正しい念いによって、彼の国土を観察することによって、まことのままに毘婆舎那《びばしゃな》（観）の修行をしようと思うからである。対象物を観察する力が養われていく。

門を見つけると人々は自由に出入りできる。阿弥陀仏の浄土の功徳をさまざま観察すること。

五念門は仏道の門である。前の四門は安楽に入る門である。

彼の浄土を観察するについて三種ある。一つにはかの仏国土の荘厳のすばらしさ功徳を観察する。二つには阿弥陀仏の荘厳の功徳のすばらしさを観察する。三つには彼の国土の菩薩がたのはたらきのすばらしさ、荘厳の功徳を観察する。

五の回向門。どのように廻向するのか。あらゆる苦悩の人々を見捨てず心に願って浄土に往く往相廻向と、この世に帰ってきて教え導き浄土に向かわせる還相廻向、廻向にてともに極楽浄土に生まれたいと願い阿弥陀仏の廻向の信心、大慈悲を成就せんが為のゆえであるからである。自分の修めた功徳の一切を他のすべての生あるものが浄土に生まれることができるように、その手だてとしてめぐらして、ともに成仏しようと願うことである。

この第五門は、大慈悲をもって衆生の教化に出かける門である。

エ　仏国土荘厳の成就

浄土の世界観　観察体相

（一）仏国土の不思議な力

云何観察彼仏国土荘厳功徳。彼仏国土荘厳功徳者成就不可思議力故、如彼摩尼如意宝性相似相対法故。

云何が彼の仏国土の荘厳功徳を観察する。彼の仏国土の荘厳功徳は、不可思議力を成就するが故に、彼の摩尼如意宝の性のごとくなる相似相対の法なるが如きの故に。

和文

どのように彼の仏国土の荘厳の功徳を観察するのか。それは彼の仏国土の荘厳が、不可思議なる力を完成持続しているからであり、その力はあたかも彼の摩尼如意宝、珠玉中最上のもの性質と相似し、相対の法のように相似であって、それに例えられる如きものである。

解釈

仏国土の十七種の荘厳功徳は思議《しぎ》できない。その仏国土の不思議さには二種の力がある。

一つには、業力。

法蔵菩薩の世を超えた善根と、一切衆生を救おうと起こされた大悲の誓願の業力によって成り立っている。

二つには、不思議な仏力である。

正覺の阿弥陀如来の善き力に保たれ、法に統治された国土であり、不可思議の仏力によって摂められている。この願力と仏力の二つの不思議は、以下十七種の仏国土荘厳の一つ一つのところで明らかにされている。

転法輪聖王の所有する摩尼宝珠の性格になぞらえて浄土の不可思議力を示された。

仏国土荘厳の十七種を示す。

仏国土の荘厳を観察する

観仏国土功徳十七種

観察彼仏国土荘厳功徳成就者、有十七種、応知。何等十七種。

彼の仏国土の荘厳功徳成就を観察するというは十七種有り。知るべし。

和文

彼の仏国土の荘厳の功徳を観察すると仏の不可思議の願によってできあがっている。観察すれば十七種ある。よく知るべきである。

何等十七。一者荘厳清浄功徳成就、二者荘厳無量功徳成就、三者荘厳性功徳成就、四者荘厳形相功徳成就、五者荘厳種種事功徳成就、六者荘厳妙色功徳成就、七者荘厳触功徳成就、八者荘厳三種功徳成就、九者荘厳雨功徳成就、十者荘厳光明功徳成就、十一者荘厳妙声功徳成就、十二者荘厳主功徳成就、十三者荘厳眷属功徳成就、十四者荘厳受用功徳成就、十五者荘厳無諸難功徳成就、十六者荘厳大義門功徳成就、十七者荘厳一切所求満足功徳成就。

何等か十七

一《いち》には荘厳《しょうごん》清浄《しょうじょう》功徳《くどく》成就《じょうじゅ》

二《に》には荘厳《しょうごん》無量《むりょう》功徳《くどく》成就《じょうじゅ》

三《さん》には荘厳《しょうごん》性《しょう》功徳《くどく》成就《じょうじゅ》

四《し》には荘厳《しょうごん》形相《ぎょうそう》功徳《くどく》成就《じょうじゅ》

五《ご》には荘厳《しょうごん》種々事《しゅじゅじ》功徳《くどく》成就《じょうじゅ》

六《ろく》には荘厳《しょうごん》妙色《みょうしき》功徳《くどく》成就《じょうじゅ》

七《しち》には荘厳《しょうごん》触《そく》功徳《くどく》成就《じょうじゅ》

八《はち》には荘厳《しょうごん》三種《さんしゅ》功徳《くどく》成就《じょうじゅ》

九《く》には荘厳《しょうごん》雨《う》功徳《くどく》成就《じょうじゅ》

十《じゅう》には荘厳《しょうごん》光明《こうみょう》功徳《くどく》成就《じょうじゅ》

十一《じゅういち》には荘厳《しょうごん》妙声《みょうしょう》功徳《くどく》成就《じょうじゅ》

十二《じゅうに》には荘厳《しょうごん》主《しゅ》功徳《くどく》成就《じょうじゅ》

十三《じゅうさん》には荘厳《しょうごん》眷属《けんぞく》功徳《くどく》成就《じょうじゅ》

十四《じゅうし》には荘厳《しょうごん》受用《じゅゆう》功徳《くどく》成就《じょうじゅ》

十五《じゅうご》には荘厳《しょうごん》無《む》諸難《しょなん》功徳《くどく》成就《じょうじゅ》
十六《じゅうろく》には荘厳《しょうごん》大《だい》義門《ぎもん》功徳《くどく》成就《じょうじゅ》
十七《じゅうしち》には荘厳《しょうごん》一切《いっさい》所求《しょぐ》満足《まんぞく》功徳《くどく》成就《じょうじゅ》なり

和文

彼の仏国土の功徳が（仏の顔の如く）できあがっていることを観察すれば、十七種ある。この願力成就の次第をよくよくわきまえておかねばならない。

その十七種とはどのような次第かといえば、

一には荘厳清浄功徳成就（一点のにごりもない清浄さをかざりあげた功徳）
二には荘厳無量功徳成就（無限の量をきわまりなくかざりあげた功徳）
三には荘厳性功徳成就（仏の大慈悲の性質をかざりあげた功徳）
四には荘厳形相功徳成就（形相《すがた》のうつくしさをかざりあげた功徳）
五には荘厳種々事功徳成就（いろいろな事物をさまざまに微妙にかざりあげた功徳）
六には荘厳妙色功徳成就（妙《たえ》なる色《いろ》をうつくしくかざりあげた功徳）
七には荘厳触功徳成就（触官を柔軟にかざりあげた功徳）

八には荘厳三種功徳成就（うつくしく三種にかざりあげられている功徳）
九には荘厳雨功徳成就（華を雨ふらす仏事がかざりあげられている功徳）
十には荘厳光明功徳成就（光明をもってかざりあげられている功徳）
十一には荘厳妙声功徳成就（妙《たえ》なる法を説く声《みこえ》をかざりあげた功徳）
十二には荘厳主功徳成就（主たる力をかざりあげた功徳）
十三には荘厳眷属功徳成就（仏の眷属《はらから》が仏の功徳をもってかざりあげられている）
十四には荘厳受用功徳成就（受用、いのちの糧が仏の功徳をもってかざりあげられている）
十五には荘厳無諸難功徳成就（あらゆることにわたって苦難のないことが仏の功徳をもってかざりあげられている）
十六には荘厳大義門功徳成就（大乗の義、第一義諦に通入する大道たることが、仏の功徳をもってかざりあげられている）
十七には荘厳一切所求満足功徳成就（仏たるべきあらゆる願望が満足することが仏の功徳をもってかざりあげられている）

荘厳清浄功徳成就者、偈言「観彼世界相勝過三界道」故。荘厳无量功徳成就者、偈言「究竟如虚空広大無辺際」故。荘厳性功徳成就者、偈言「正道大慈悲出世善根生」故。荘厳形相功徳成就者、偈言「浄光明満足如鏡日月輪」故。荘厳種種事功徳成就者、偈言「備諸珍宝性具足妙荘厳」故。荘厳妙色功徳成就者、偈言「無垢光炎熾明浄曜世間」故。荘厳触功徳成就者、偈言「宝性功徳草柔軟左右旋触者生勝楽過迦栴隣陀」故。荘厳三種功徳成就者、有三種事。応知。何等三種。一者水、二者地、三者虚空。荘厳水功徳成就者、偈言「宝華千萬種弥覆池流泉微風動華葉交錯光乱転」故。荘厳地功徳成就者、偈言「宮殿諸楼閣観十方無㝵雑樹異光色宝蘭遍囲遶」故。荘厳虚空功徳成就者、偈言「無量宝交絡羅網遍虚空種種鈴発響宣吐妙法音」故。荘厳雨功徳成就者、偈言「雨華衣荘厳無量香普薫」故。荘厳光明功徳成就者、偈言「仏恵明浄日除世痴闇冥」故。荘厳妙声功徳成就者、偈言「梵声悟深遠微妙聞十方」故。荘厳主功徳成就者、偈言「正覚阿弥陀法王善住持」故。荘厳眷属功徳成就者、偈言「如来浄華衆　正覚華化生」故。荘厳受用功徳成就者、偈言「愛楽仏法味禅三昧為食」故。荘厳無諸難功徳成就者、偈言「永離身心悩受楽常无間」故。荘厳大義門功徳成就者、偈言「大乗善根界等無譏嫌名女人及根缺二乗種不生」故。浄土果報離二種譏嫌過。応知。一者体、二者名。体有三種。一者二乗人、二者女人、三者諸根不具人。無此三過故、名離体譏嫌。名亦有三種、非但無三体　乃至不聞二乗・女人・諸根不具三種名、故名離名譏嫌。等者平等一相故。荘厳一切所求満足功徳成就者、偈言「衆生所願楽一切能満足」故。

一　荘厳清浄功徳成就《しょうごんしょうじょうくどくじょうじゅ》とは、偈《げ》に「観彼世界相《かんぴせかいそう》　勝過三界道《しょうかさんがいどう》」と言《のたま》うが故に。

二　荘厳無量功徳成就《しょうごんむりょうくどくじょうじゅ》とは、偈《げ》に「究竟如虚空《くきょうにょこくう》　広大無辺際《こうだいむへんざい》」と言えるが故に。

三　荘厳性功徳成就《しょうごんしょうくどくじょうじゅ》とは、偈《げ》に「正道大慈悲《しょうどうだいじひ》　出世善根生《しゅっせぜんごんしょう》」と言える故に。

四　荘厳形相功徳成就《しょうごんぎょうそうくどくじょうじゅ》とは、偈《げ》に「浄光明満足《じょうこうみょうまんぞく》　如鏡日月輪《にょきょうにちがつりん》」と言えるが故に。

五　荘厳種々事功徳成就《しょうごんしゅじゅじくどくじょうじゅ》とは、偈《げ》に「備諸珍宝性《びしょちんぼうしょう》　具足妙荘厳《ぐそくみょうしょうごん》」と言えるが故に。

六　荘厳妙色功徳成就《しょうごんみょうしきくどくじょうじゅ》とは、偈《げ》に「無垢光炎熾《むくこうえんし》　明浄曜世間《みょうじょうようせけん》」と言えるが故に。

七　荘厳触功徳成就《しょうごんそくくどくじょうじゅ》とは、偈《げ》に「宝性功徳草《ほうしょうくどくそう》　柔軟左右旋《にゅうなんさうせん》　触者生勝楽《そくしゃしょうしょうらく》　過迦旃隣陀《かかせんりんだ》」と言えるが故に。

八　荘厳三種功徳成就《しょうごんさんしゅくどくじょうじゅ》とは、三種《さんしゅ》の事《じ》あり、知《し》るべし。なんらか三種《さんしゅ》。一《いち》には水《すい》、二《に》には地《じ》、三《さん》には虚空《こくう》なり。

(一) 荘厳水功徳成就《しょうごんすいくどくじょうじゅ》とは、偈《げ》に「宝華千万種《ほうけせんまんじゅ》・弥覆池流泉《みふちるせん》・微風動華葉《みふうどうけよう》・交錯光乱《きょうさくこうらん》転《でん》」と言えるが故に。

(二) 荘厳地功徳成就《しょうごんじくどくじょうじゅ》とは、偈《げ》に「宮殿諸楼閣《くでんしょろうかく》・観十方無礙《かんじっぽうむげ》・雑樹異光色《ぞうじゅいこうしき》・宝欄遍囲《ほうらんへんい》繞《にょう》」と言えるが故に。

(三) 荘厳虚空功徳成就《しょうごんこくうくどくじょうじゅ》とは、偈《げ》に「無量宝交絡《むりょうほうきょうらく》・羅網遍虚空《らもうへんこくう》・種種鈴発響《しゅじゅりょうほっこう》・宣吐《せんと》妙法音《みょうほうおん》」と言えるが故に。

九 荘厳雨功徳成就《しょうごんうくどくじょうじゅ》とは、偈《げ》に「雨華衣荘厳《うけえしょうごん》・無量香普薫《むりょうこうふくん》」と言えるが故に。

十 荘厳光明功徳成就《しょうごんこうみょうくどくじょうじゅ》とは、偈《げ》に「仏慧明浄日《ぶってみょうじょうにち》・除世痴闇冥《じょせちあんみょう》」と言えるが故に。

十一 荘厳妙声功徳成就《しょうごんみょうしょうくどくじょうじゅ》とは、偈《げ》に「梵声悟深遠《ぼんしょうごじんのん》・微妙聞十方《みみょうもんじっぽう》」と言えるが故に。

十二 荘厳主功徳成就《しょうごんしゅくどくじょうじゅ》とは、偈《げ》に「正覚阿弥陀《しょうがくあみだ》・法王善住持《ほうおうぜんじゅうじ》」と言えるが故に。

十三 荘厳眷属功徳成就《しょうごんけんぞくくどくじょうじゅ》とは、偈《げ》に「如来浄華衆《にょらいじょうけしゅ》・正覚華化生《しょうがくけけしょう》」と言えるが故に。

十四 荘厳受用功徳成就《しょうごんじゅゆうくどくじょうじゅ》とは、偈《げ》に「愛楽仏法味《あいぎょうぶっぽうみ》・禅三昧為食《ぜんざんまいいじき》」と言えるが故に。

十五 荘厳無諸難功徳成就《しょうごんむしょなんくどくじょうじゅ》とは、偈《げ》に「永離身心悩《ようりしんしんのう》・受楽常無間《じゅらくじょうむけん》」と言えるが故に。

十六　荘厳大義門功徳成就《しょうごんだいぎもんくどくじょうじゅ》とは、偈《げ》に「大乗善根界《だいじょうぜんごんかい》・等無譏嫌名《とうむきげんみょう》・女人及根欠《にょにんぎゅうこんけつ》・二乗《にじょう》種不生《しゅふしょう》」と言えるが故に。

浄土《じょうど》の果報《かほう》は、二種《にしゅ》の譏嫌《きげん》の過《とが》を離《はな》れたり。知《し》るべし。一《いち》には体《たい》、二《に》には名《みょう》なり。体《たい》に三種《さんしゅ》あり。一《いち》には二乗人《にじょうにん》、二《に》には女人《にょにん》、三《さん》には諸根不具人《しょこんふぐにん》なり。この三《さん》の過《とが》なし。故に体《たい》の譏嫌《きげん》を離《はな》ると名《な》づく。名《みょう》にまた三種《さんしゅ》あり。ただ三《さん》の体《たい》なきのみにあらず、乃至《ないし》二《に》乗《じょう》と女人《にょにん》と諸根不具《しょこんふぐ》の三種《さんしゅ》の名《みょう》を聞《き》かず。ゆゑに名《みょう》の譏嫌《きげん》を離《はな》ると名《な》づく。「等《とう》」とは平《びょう》等一相《どういっそう》の故に。

十七　荘厳一切所求満足功徳成就《しょうごんいっさいしょぐまんぞくくどくじょうじゅ》とは、偈《げ》に「衆生所願楽《しゅじょうしょがんぎょう》・一切能満足《いっさいのうまんぞく》」と言えるが故に。

解釈

十七種の安楽国、章名をあげ、仏国土のすばらしさが説かれる。

一　**清浄功徳成就**　「清浄の性をかざる功徳」である。どうして不思議かというと煩悩に汚染され苦悩する身も、かの清浄の国に生まれると、煩悩や悪業がなく身心が清らかでけがれがない。不思議な仏の功徳が充分に働いている。かの安楽国土のすがたを観想してみると、相対差別のこの世とは次元を異にしている。煩悩に満ちている凡夫の人でも彼の浄土に生まれることができれば、三界のつながれて離れることのできない業の繋縛《けばく》（縛られ自由を拘束すること）から解放されて「不断煩悩得涅槃」煩悩を断てないまま、さとりの分を得るのである。

彼の安楽国のすがたを観察して見ると、相対差別のこの世とは次元を異にしている。並の思いでどうして思いをはかることができようか。

二　**無量功徳成就**　無量性をかざる功徳「量のすばらしさ」である。「徹底して虚空のごとく、広大であって辺際《へんざい》がない。」量《ひろさ》の功徳である。

彼の安楽国土の人々は、このようなせまくるしさが全くない虚空に住んでいて、その志願の広大なことも国土の虚空の広さと同じようである。

かの仏国土の人々が宮殿、楼閣の広さを広げたいと思えば、心のままになる。

この世の衆生が、仏国土に生まれたいと願えば、仏国土は、虚空のように広々としている。精神世界も無限の徳にかなった広大さを映している。功徳は不思議であり、どうして思いはかることができようか。

三　**性功徳成就**　大慈悲の性をかざる功徳

「性のすばらしさ」とは「それは、正道の如来の大慈悲、利己的な功利心を超越した純粋の善意から生じたもの」である。浄土の大慈悲の性をかざる功徳、正道の大慈悲は、世を超えた善根より生ずるといわれる。安楽国に生まれる人々もこのようであって、彼の正道、悟りの正しい道に生まれれば、世を超えた善根をまどかに具え、必ず悟りを開く位、正定業、悟りを得ると定まっている人々の仲間に入るのである。

四　**形相功徳成就**　形相をかざる功徳

「形のすばらしさ」は、浄く、明るく、円《まど》かなさまは、さながら輝きわたる日月のようとある。

浄土の形相《すがた》は、すぐれてうつくしく、かざりあげられた功徳は「浄光明満足せること、鏡と日月輪との如し」といわれている。

この世、娑婆、現実のこの世では忍耐《たえしのぶ》ことによって身の端正さ（きちっと整っている、行儀正しいこと）を得るが、それは自分の心が身に影響を与える。わが心のあらわれである。

しかし、ひとたび彼の安楽国土に生まれることができたならば、瞋《いかり》と忍《しのび》とかの区別なく、人々の色像《すがた》は平等で特に優れたものとなる。

これは清浄な国土、浄土の光の力による。

安楽国土の光は、往生人の心を照らし転ずる。

どうして思いはかることができようか。

五　種々事功徳成就　種々事、物をかざる功徳

種々の事物のすばらしさは、宝という宝をあつめ、飾りを具足している安楽国土の一切の事物は、一つの宝でも、十の宝でも、百千万種の宝でも、皆、心のまま、意《おも》い通り充分そなえることができる。もし、無くならせようと思えば、たちまちに消えてなくなる。このように心の自在をえることは神通力の比ではなく、神通力を超えすぐれている。安楽国のいろいろな事象は、われらの思いが及ぶところではない。

六　妙色功徳成就　妙なる色をうつくしくかざる功徳。浄土の妙なる色をうつくしくかざりあげている「微妙な物体のすばらしさ」「無垢《むく》のかがやき燃えさかり、遠くこの世をてらし出す」。

けがれなき浄土の光は、事物を照らせば表裏をつらぬき、この世を照らし出し、その光が心を照らせば無明をことごとく滅する。つまり、浄土の光が仏の衆生教化の営みをする。

七　触功徳成就　柔軟さをかざる功徳である。触官を柔軟にかざりあげた功徳とは、宝性功徳の草（いみじき功徳にみちたる草）。「はだざわりのすばらしさ」は、しなやかに、また、なごやかに、右に、左に、生えめぐり、手もとこれに触れるば、カセンリンダのそれにもまして、身も、心も、あまい、ほのぼのとした夢見心地にさそわれる。

およそ宝といわれるたぐいは、堅く頑強なものであるのに、浄土の宝はやわらかである。やわらかであれば触感の快楽に溺れやすいものであるが、浄土の触感は、精神世界を脅かさない。仏道に精進する心を増やさせるのである。

愛作という菩薩があった。姿形が端正であった為、人をすっかり魅了させた。『大宝積経（巻の一の百六）』に出ている菩薩であるが、愛作という菩薩が、乞食して舎衛国の一長者の家に来たとき、長者の徳増という名の娘は、愛作菩薩のすがたの端正さを見て、たちまち婬欲を起こし、その欲に身を焼いて遂に命終してしまったというお話しがある。

しかし、愛作菩薩の徳により三十三天に生じ女身を転じて男子となった。

徳増は、愛作菩薩に謝して世尊に向かって偈を説き、世尊もそれに応えて法を説かれた。

釈尊の説法、法話を聞いた徳増の父母、有縁者、五百人はたちまちに菩薩心を発したという。

愛作に魅了された者は天上界に生まれたり、菩薩心を発したといわれている。

八　三種功徳成就　三種（水、地、虚空）をもって飾る功徳。

水と大地と大空のすばらしさをもって飾る。水については「千万種のうつくしい花が、池のおもてや、泉のながれを覆《おお》い、そよ吹く風が、あたりの葉や花にたわむれると、色彩や光線が、複雑微妙に、きらめき合い、乱れあう」といい、大地をうつくしく飾りあげた功徳とは、宮殿《くでん》の諸楼閣にのぼって、十方の景観を眺め見ると、見る眼まばゆい雑多な珍奇のなみ木を、宝のてすりがグルリと取囲んでいる」。大空については、空にはくさぐさの宝をからみ合わせた宝網を張りわたして日ざしを防ぎ、網の目に結びついた無数の金鈴が、吹く風におのずと雅《みやび》やかな響きをたてて、ほとけの深遠微妙《じんおんみみょう》なみのりを宣《の》べつたえる。

三種の功徳を一つにまとめ三種功徳成就。うつくしく、三種にかざりあげられている功徳いうは（一）水、（二）地、（三）虚空《そら》である。

㈠　水功徳　水をもって飾る功徳

水をうつくしくかざりあげている功徳というのは、偈に「宝花千万種にして、池流泉に弥覆《みふく》せり、微風花葉を動かすに、交錯して光乱転す」といわれる。

経（『大経』）には、次のようにある。

彼の浄土の菩薩や声聞たちは、たとえば宝池《いけ》に入って足まで水にひたそうとおもえば水はすぐさま足をひたし、膝《ひざ》までとおもえば膝まで来、腰までと思えば腰まで、頸《くび》までと思えば頸まで来、身《からだ》にそそぎたいとおもえば自然に身にそそぐ。しかも、もとにかえしたいとおもえば、水はたちまちもとにもどる。

冷《つめた》さ暖かさがほどよく調和し、自然の意のままとなり、こころをはればれとさせ身《からだ》を悦ばせて、心の垢《あか》をあらいながす。水は清らかに澄み、その浄《きよ》いことはあたかも形《すがた》がないようである。水の底の宝の砂がくっきりとみえ、どんなに深くても照らしだされないところはない。小波《さざなみ》がゆっくりと流れ、たがいにうちあいそそぎあっては流れさっていく。それは遅くもなく疾《はや》くもない。

波があがると、かずしれぬ自然の妙《たえ》なる声がして、所応《もとめ》にしたがって、その声を聞かないものはない。あるいは仏の声を聞き、あるいは法の声を聞き、あるいは僧の声を聞く。また寂静なる涅槃の声や、空無我の理を説く声や、大慈悲の声や、波羅蜜の行を説く声を聞き、あるいは十力、四無畏、十八不共法などの仏の行いの声や、いろいろな神通のもとである智慧をとくところの声や、なすべき行なく、起こすべき善なしというさとりの境地を説く声や、初地の菩薩の無生法忍の境地から、第十地の甘露灌頂の境地に至るいろいろな妙《たえ》なる法を説くところの声を聞く。これらの声はみな、聞こうとする者の心にかなって、かぎりない歓喜《よろこび》をあたえるのである。そして真如法性の清浄にして欲を離れ、寂滅にして真実なる義にしたがい、三宝の力、無所恐、不共の法にしたがい、神通の智慧をそなえた菩薩と声聞の行ずるところの道にしたがうのである。そこにはもはや三途という苦難《くるしみ》の名はなく、ただおのずからなる快楽《たのしみ》の音あるのみである。だからその国を名づけて安楽というのである、と。

このように安楽国の水は、衆生を救う仏事をなし、仏の教化のいとなみをしている。

(二) 地功徳　大地、地をもってかざる功徳彼の浄土のいろいろなものは、一つの宝でも、十の宝でも、百の宝でも、数かぎりない宝でも、心のおもうまま充分にかざることができる。このかざりは、すみきった鏡のように、十方の国土の浄らかさと穢《きた》なさのいろいろな相《すがた》や、善と悪の業縁など、すべてをありのままにうつしだすのである。彼の国土の人天《ひとびと》は、このような事実を見ているから、探湯（悪をやめる）不及（善にはげむ）の情《こころ》を自然と全うするのである。

このことはたとえば、もろもろの大菩薩は、法性などを照らす宝をもって冠《かんむり》とし、この宝の冠の中にことごとく諸仏を見、またすべてのものの本生に通達するといわれているようなものである。

また、仏が『法華経』を説かれたとき、眉間から光を放って、当方の一万八千の国土を照らしだされると、みな金色の如くかがやき、阿鼻地獄より有頂天に至るまでのあらゆる世界の中で、六道をさまよっている衆生の生死のありさま、また善と悪との業縁と、その結果うける境遇のよしわるしがことごとくうつしだされた。およそ浄土のかざりはこのようなものであるか。

かざりにうつった像《すがた》が、仏の（教化の）いとなみをするのである。

㈢　虚空功徳　虚空《そら》　虚空をもって飾る功徳

虚空《そら》を美しくかざりあげた功徳というのは、偈に「無量の宝交絡して、羅網虚空に遍《あまね》し、種種の鈴響《ひび》きを発して、妙法の音を宣べ吐《はか》かん」といわれているからである。

経（『大経』）に次のようにいわれている。

「数しれぬ宝の網が仏の国土をおおいつくし、すべて金の縷《いと》や真珠やくらぶべきもののない珍しい百千種のいろいろな宝でかざられ、その四方にはくまなく宝の鈴《すず》が垂れている。光がきらきらと照りはえて、その厳麗《うるわしさ》さは実にえにもいわれぬものである。

おのずからなる仏の徳をそなえた風が、どこからともなく静かに起こって、そよそよと吹いている。その風は、ほどよく調和されて、寒くもなく暑くもなく、暖かさと涼しさとがやわらかくつつまれていて、遅くもなく疾《はや》くもなしに吹いている。いろいろな羅網《あみ》や宝の樹のあいだを拭きぬけると、無量の微妙な法《みのり》の音がかなでられ、くさぐさのゆかしい徳の香《かおり》をまきちらす。その法《みのり》を聞く者は、煩悩の垢習《なごり》さえ自然におこさないようになり、（風が）身に触れれば、みな快楽《よろこび》をうるのである」と。

（仏の徳をそなえた風の）声が仏のいとなみをするのである。

九　雨功徳成就　荘厳雨功徳成就とは、偈に「雨花衣荘厳、無量香普薫」と言えるが故に。（花を）雨《ふ》らすことをかざりあげた功徳とは、偈に「花衣の荘厳を雨《ふ》らせ、無量の香普く薫ず」といわれているからである。

ふる雨のすばらしである。天の華や天衣は降る雨の如く、無量の名香は、天地に薫じわたる」とある。

経（『大経』）につぎのようにいわれている。

「風が吹くと花が散って、仏土全体をおおいつくす。花の色は順にしたがい、ばらばらにならず、やわらかくつややかで、えもいわれぬ香りを一面にはなっている。足でそのうえをふむと四寸ばかりくぼみ、足をあげるともとのとおりになる。花は用がすめば、地がさけてその中に次々と没しさり、きれいさっぱりとなってあとかたもない。時がくるとまた風が吹き花が散る。このように日に六たびくりかえすのである。

また、さまざまの宝からなる蓮花が世界中に吹きあふれ、それぞれの宝花には百千億の葉《はなびら》があって、その葉《はなびら》からでる光明《ひかり》が、数かぎりない種類の色をなしている。青い色には青い光、白い色には白い光があり、玄《くろ》、黄、朱、紫の色も同じくそれぞれの光をはなっている。その光のこうこうとして輝くことは、日や月よりも明朗である。一つ一つの花の中から、三十六百千億の光があふれ、三十六百千億の仏があらわれている。その仏の身は紫金の色をなし、すがたかたちは世をこえて尊い。それぞれの仏は、また百千の光明をはなって、普《ひろ》く十方衆生の為に微妙なる法を説かれるのである。このようにして仏たちは各々数しれぬ衆生を仏の正しい道に安んぜしめられるのである」と。

花が仏の（教化衆生の）いとなみをするのである。

十　光明功徳成就　世の闇を除去する光明のすばらしさ

光明をもってかざりあげられている功徳とは、偈に「仏恵明浄なること日のごとく、世の痴闇冥を除く」といわれているからである。

仏の智慧は、明浄な日光のように世の闇を除去したもう。

彼の浄土の光明は、如来の智慧よりむくいあらわれたもの。だからこれに触れれば、無明の暗闇《やみ》はことごとく消える。光明は、智慧でないのに、よく智慧の働きをする。

十一　妙声功徳成就　妙なる法を飾る功徳

妙《たえ》なる声《みこえ》をかざりあげた功徳とは、偈に「梵声の悟り深遠にして、微妙なり、十方に聞こゆ」といわれているからである。

さとりに導く清浄な声は響き、微妙にして十方に聞こえる。

経『大経』に「もし人あって彼の国土の清浄《きよらか》で安楽《やすらか》なことを聞くだけで、よく心にきざみ念じて、彼の国土に生まれたいと願うものと、またすでに往生をえたものとは、たちまち正定の聚《なかま》に入ることができる」といわれている。

これは国土の名字《みな》が仏の（衆生教化の）いとなみをするということである。

十二　**主功徳成就**　浄土の主なる力を飾る功徳

主たる力をかざりあげた功徳とは、偈に「正覚の阿弥陀法王、善く住持したまえり」といわれている。

主人公である正しい悟りの阿弥陀如来がそこに住持したもう。

正覚そのものである阿弥陀仏は、不思議であらせられる。彼の安楽浄土は、その正覚たる阿弥陀仏の善根の力によって住持されている。

住とは、異ならず滅しないことをいい、持とは分散せず焼失しないことをいう。

たとえば、不朽という名の薬を種子《たね》に塗ると、水に入れても流されず、火に入れても焼けずに、因縁をえて芽を出すのである。これは不朽薬の力によるからである。

　これと同じくもし人が、一たび安楽浄土に生まれれば、後になって、再び三界に生じて、三界のいろいろなまよいの生活、煩悩が火のようにもえさかるただ中にもどっても、無上菩提の種子《たね》は、けっして朽《くち》ることがない。これは、正覚たる阿弥陀仏の善なる住持の力をうけているからである。

十三　眷属功徳成就《けんぞくくどくじょうじゅ》　仏の眷属《けんぞく》を飾る功徳

仏の眷属《はらから》が功徳をもってかざりあげられている。偈に「如来浄花の衆、正覚の花より化生す」といわれている。

　如来をとりまく浄土の聖者たちは、浄らかな汚れを知らぬ蓮の花のよう。仏の正覚の花から化生したものである。

　およそこの雑生の世界には、胎生や卵生や湿生や化生などいろいろな生があって、それぞれ眷属《なかま》の数もしれず、苦しみや楽しみにもいろいろな種類がある。これは、生きとし生ける者がいろいろな業をもっているからである。

　彼の安楽国土は、阿弥陀如来の開いた正覺《さとり》の浄花《はな》に感化されて生まれないものは一人としてない。すべて同じく念仏して、それよりもほかの道より生まれるものはないからである。浄土を願生するものは、はるか世界のはてまで、すべて兄弟とするのである。このように眷属《はらから》の数ははかりしれない。

十四　受用功徳成就《じゅゆうくどく》　法味の受用を飾る功徳

受用、いのちの糧が仏の功徳をもってかざりあげられているとは、偈に「仏法の味を愛楽し、禅三昧を食と為す」といわれているからである。

心ゆくまで仏法の真味を受し、あじわい、寂かな身心のやすらぎをもって、食べ物としておられる。

浄土の人は、物をたべずに命をたもっているが、およそこれにはたもてるわけがある。これは、如来が本願をまどかに成就しておられるということ以外の何ものでもない。浄土の人々は、その仏の願いに乗ずることを我が命としているのである。

十五　無諸難功徳成就　無難のすばらしさ

あらゆることにわたっての苦難のないことが、仏の功徳をもってかざりあげられているとは、偈に「永く身心の悩みを離れて、楽を受くること常に間無《いとま》し」といわれているからである。

とこしなに身心の悩みを離れて四六時中楽しみずくしである。

経（大経）に「身は苦しみの器《うつわ》であり、心の悩みは端《はじめ》である」といわれている。しかし、彼の安楽国では、身も心もありながら、楽しみをうけることばかりがつづく。

十六　大義門功徳成就　隔てのない安楽国のすばらしさ

荘厳大義門功徳成就とは、偈に「大乗善根界　等無譏嫌名女人及根欠　二乗種不生」と言えるが故に。

大乗の義に通入する大道たることが、仏の功徳をもってかざりあげられているとは、偈に「大乗善根の界《さかい》、等しくして譏嫌の名無し、女人及び根欠、二乗の種は生せず」といわれているからである。

かの安楽国土に生をうければ、自他は平等一味であり、男女の性別も解消し、不具者は器官具足し、自分の幸福しか考えない者もひろく自他一般の福利を念ずるようになる。

本願にむくいてあらわれた浄土は、二種の譏《そしり》と過《とが》というものを離れている。このことは、よくわきまえておかねばならない。二種とは、一つには躰についている譏《そしり》、二には名についての譏である。躰についての譏に三種ある。一つには二乗の人、二つには女人、三つには、いろいろな器官の機能が欠けた人である。この三種の過《とが》がないから、これを「躰についての譏嫌を離れる」と名づける。また、名についての譏にも三種ある。ただ三種の躰がないばかりでなく、二乗とか女人とかいろいろな器官の機能が欠けている人とか、名前すら耳にすることがないのである。だからこれを「名についての譏嫌を離れる」と名づけるのである。（偈に）「等し」というのは、浄土の人々はさとりにおいて平等で同一の相《すがた》だからである。

そもそも、（六欲天など）いろいろな天では、おなじ器《うつわ》で食事をするが、その飯《たべもの》は食べる人の福徳の程度にしたがって色がかわる。また仏が足の指で地をおさえ、そこに三千大千世界をあらわされたとき、心の浄いものはその世界を黄金と見、心の不浄なものは瓦礫《がれき》と見たので、それによって心の大切なことを詳《あき》らかにされた。ところが、浄土へ往生を願うものは、もとは上品上生、中品中生など、九つの種に区別されているが、往生を願う今はまったく差別がない。たとえば淄水《しすい》と澠水《じょうすい》も海に入れば一つ味であるようなものである。

十七　一切所求満足功徳成就　求めて得られぬことのないすばらしさ

荘厳一切所求満足功徳成就とは、偈に「衆生所願楽　一切能満足」と言えるが故に。

和文

求めて得られぬことのないすばらしさ、一切所求満足功徳とは、偈に「人々がおよそ求めるもののなんであろうと、そこでは一つとして満たされぬということはない」とある。

解釈

彼の国の人天《ひとびと》は、もし他方の世界の無量なる仏の国に往って、仏と菩薩を供養しようと願い、またそのために必要な供養の具を手に入れようと願えば、願いはすべてかなえられる。また彼の浄土の寿命《いのち》を捨て、余《ほか》の国におもむき、そこに生きる寿命の長さを自由にしようとおもえば、願いのままにできる。まだ、そのようにできる八地以上の菩薩の自在の位をえていないにもかかわらず、自在の用《はたら》きと同じになっている。

自利利他の示現

略説彼阿弥陀仏国土十七種荘厳成就。示現如来自身利益大功徳力成就利益他功徳成就故。

略してかの阿弥陀仏国土の十七種の荘厳功徳成就を説きて、如来の自身利益大功徳力成就と、利益他功徳成就とを示現せんがゆえなり。

和文

略して、彼の阿弥陀仏の国土の、十七種にかざりあげた功徳を説いて、如来自身の利益（自利）である大なる功徳の力が成就していることと、他の衆生を利益したもう（利他）。大功徳の力が成就していることをあらわしているからである。

真理第一義諦を明かす

彼無量壽仏国土荘厳第一義諦を明かす

彼無量寿仏国土荘厳、第一義諦妙境界相十六句及一句次第説。応知。

彼の無量寿仏の荘厳、第一義諦・妙境界相、十六句、及び一句次第に説きつ。知る応《べ》し。

和文

彼の無量寿仏の国土の荘厳、第一義諦たる妙《たえ》なる相《すがた》であり、その相をあらわさんがため、十六の句及び一つの句を順次に説きのべるのである。よくこの仏の成就の次第を了解すべきである。

オ　観仏功徳　仏の荘厳の成就

仏荘厳の八種を示す

云何観仏荘厳功徳成就。観仏荘厳功徳成就者、有八種相。応知。何等八種。一者荘厳座功徳成就、二者荘厳身業功徳成就、三者荘厳口業功徳成就、四者荘厳心業功徳成就、五者荘厳大衆功徳成就、六者荘厳上首功徳成就、七者荘厳主功徳成就、八者荘厳不虚作住持功徳成就。「何者荘厳座功徳成就、偈言「無量大宝王微妙浄華台」故。何者荘厳身業功徳成就、偈言「相好光一尋色像超群生」故。何者荘厳口業功徳成就、偈言「如来微妙声梵響聞十方」故。何者荘厳心業功徳成就、偈言「同地水火風虚空無分別」故。無分別者無分別心故。何者荘厳大衆功徳成就、偈言「天人不動衆清浄智海生」故。何者荘厳上首功徳成就、偈言「如須弥山王勝妙無過者」故。何者荘厳主功徳成就、偈言「天人丈夫衆恭敬遶瞻仰」故。何者荘厳不虚作住持功徳成就、偈言「観仏本願力遇無空過者能令速満足功徳大宝海」故。即見彼仏、未証浄心菩薩畢竟得証平等法身、與浄心菩薩與上地諸菩薩畢竟同得寂滅平等故。略説八句、示現如来自利利他功徳荘厳次第成就。応知。

云何《いかん》が仏の荘厳功徳成就を観ずる。

観仏荘厳功徳成就とは八種あり。知る応《べ》し。

何らかの八種

一には荘厳座功徳成就

二には荘厳身業功徳成就

三には荘厳口業功徳成就

四には荘厳心業功徳成就

五には荘厳大衆功徳成就

六には荘厳上首功徳成就

七には荘厳主功徳成就

八には荘厳不虚作住持功徳成就なり

和文

八種とはどのような次第かといえば。

一には荘厳座功徳成就（みごとにかざりあげられた仏の座を飾る功徳）

二には荘厳身業功徳成就（おごそかにかざりあげられた仏の身の業《わざ》をかざる功徳）

三には荘厳口業功徳成就（きよらかにかざりあげられた仏の口の業をかざる功徳）
四には荘厳心業功徳成就（あきらかにかざりあげられた仏の心の業をかざる功徳）
五には荘厳大衆功徳成就（平等にかざりあげられた仏の仲間をかざる功徳）
六には荘厳上首功徳成就（無上にして等しきもののなくかざりあげられている上首としての功徳）
七には荘厳主功徳成就（だれひとりとしてあおがぬもののなくかざりあげられている仏を恭敬することをかざる主たる功徳）
八には荘厳不虚作住持功徳成就（だれひとり虚しくすぎゆくものがないようにかざりあげられている仏の力をかざる功徳）である。

解説

一　座功徳　仏の座をかざる功徳
何者《なにもの》か荘厳座功徳成就、偈に「無量大宝、微妙浄花台」と言えるが故に。

和文

みごとにかざりあげられた仏の座の功徳とはどのようなものか。偈に「無量の大宝王なる微妙の浄花台にいます」といわれているのがこれである。

二　身業功徳　心の業をかざる功徳

何者か荘厳身業功徳成就、偈に「相好光一尋、色像超群生」と言えるが故に。

和文

おごそかにかざりあげられた仏の身の業の功徳とはどのようなものか。偈に「相好の光一尋なり、色像は群生に超えたまえり」といわれているのがこれである。

三　口業功徳　仏の口の業をかざる功徳

何者か荘厳口業功徳成就、偈に「如来微妙声、梵響聞十方」と言えるが故に。

和文

きよらかにかざりあげられた仏の口の業の功徳とはどのようなものか。偈に「如来微妙の声《みこえ》なる梵の響き十方に聞こゆ」といわれているのがこれである。

四　心業功徳　仏の心の業をかざる功徳

何者か荘厳心業功徳成就、偈に「同地水火風、虚空無分別」と言えるが故に。無分別とは、分別の心無きが故に。

和文

あきらかにかざりあげられた仏の心の業の功徳とはどのようなものか。偈に「地、水、火、風に同じくて分別無し」といわれているのがこれである。分別がないとは、分別する心がないということである。

五　大衆功徳　仏の仲間をかざる功徳

何者か荘厳大衆功徳成就、偈に「天人不動衆、清浄智海生」と言えるが故に。

和文

平等にかざりあげられている仏の大衆功徳に「天人不動の衆、清浄の智海より生ず」といわれているのがこれである。

六　上首功徳　仏を上首としてかざる功徳

何者か荘厳上首功徳成就、偈に「如須弥山王、勝妙無過者」と言えるが故に。

和文

ひとしきものなくかざりあげられている上首としての功徳とはどのようなものか。偈に「須弥山王の如く、勝妙にして過ぎたる者なし」といわれているのがこれである。

七　主功徳　仏を恭敬することをかざる功徳

何者か荘厳主功徳成就、偈に「天人丈夫衆、恭敬繞瞻仰《にょうせんごう》」と言えるが故に。

和文

だれひとりあおがぬものなくかざりあげられている主たる功徳とはどのようなものか。偈に「天人丈夫衆《てんにんじょうぶしゅ》、恭敬《くぎょう》して繞《めぐ》りて瞻仰《せんごう》してたてまつる」といわれているのがこれである。

八　不虚作住持功徳《ふこさじゅうじくどく》　仏の住持の力をかざる功徳

何者か荘厳不虚作住持功徳、偈に「観仏本願力、遇無空過者、能令速満足、功徳大宝海」と言えるが故に。

和文

だれひとり虚しくすぎゆくものがないようにかざりあげられている仏の住持の力の功徳とはどのようなものか。偈に「仏の本願力を観ずるに、遇《もうお》うて空しく過ぐる者無し、能《よ》く速《すみ》やかに功徳の大宝海を満足せしむ」といわれているのがこれである。

即ち彼の仏を見たてまつれば、未証浄心の菩薩、畢竟《ひっきょう》じて平等法身を得証して、浄心の菩薩と上地の諸の菩薩と畢竟じて同じく寂滅平等を得しむるが故なり。

和文

たちどころに彼の浄土の仏を見たてまつれば、まだ浄心を証せぬ菩薩も畢竟《かならず》平等なる法身をうることができ、浄心の菩薩と上地の菩薩に同じく、畢竟《とこしえ》に寂滅平等の法を得せしめられるのである。

略して八句を説きて、如来の自利利他の功徳荘厳次第に成就したまえることを示現す。知る応《べ》し。

和文

略して八句を説き、如来の自利と利他との功徳が順次かざりあげられていることを明らかにしたこの次第をよく承知すべきである。

カ　観察菩薩功徳　安楽国の諸菩薩の荘厳の成就

云何観察菩薩荘厳功徳成就。観察菩薩荘厳功徳成就者、観彼菩薩有四種正修行功徳成就。

応知。何者為四。一者於一仏土身不動揺、而遍十方種種応化如実修行常作仏事。偈言「安楽国清浄常転無垢輪化仏菩薩日如須弥住持」故。開諸衆生淤泥花故。二者彼応化身、一切時不前不後、一心一念放大光明悉能遍至十方世界教化衆生。種種方便修行、所作滅除一切衆生苦故。偈言「無垢荘厳光一念及一時普照諸仏会利益諸群生」故。三者彼於一切世界無余照諸仏会大衆無餘広大無量供養恭敬讃歎諸仏如来功徳。偈言「雨天楽華衣妙香等供養讃諸仏功徳無有分別心」故。四者彼於十方一切世界無三宝処住持荘厳仏・法・僧宝功徳大海、遍示令解如実修行。偈言「何等世界無仏法功徳宝我願皆往生示仏法如仏」故。

菩薩を観ずとは、

如何が菩薩の荘厳功徳を観察する。菩薩の荘厳功徳成就を観察ずとは、彼の菩薩を観ずるに四種の正修行功徳成就有りと知る応《べ》し。

何者《なにもの》をか四《し》となす。一《いち》には一仏土《いちぶつど》において身動揺《みどうよう》せずして十方《じっぽう》に遍《へん》じて、種々《しゅじゅ》に応化《おうげ》して如実《にょじつ》に修行《しゅぎょう》し、つねに仏事《ぶつじ》をなす。偈《げ》に「安楽国清浄《あんらくこくしょうじょう》　常転無垢輪《じょうてんむくりん》　化仏菩薩日《けぶつぼさつにち》　如須《にょしゅ》弥住持《みじゅうじ》」といへるがゆゑなり。もろもろの衆生《しゅじょう》の淤泥華《おでいけ》を開《ひら》くがゆゑなり。

二《に》にはかの応化身《おうげしん》、一切《いっさい》の時《とき》に前《ぜん》ならず後《ご》ならず、一心一念《いっしんいちねん》に大光明《だいこうみょう》を放《はな》ちて、ことごとく、よくあまねく十方世界《じっぽうせかい》に至《いた》りて衆生《しゅじょう》を教化《きょうけ》す。種々《しゅじゅ》に方便《ほうべん》し修行《しゅぎょう》し、なすところ一切《いっさい》衆生《しゅじょう》の苦《く》を滅除《めつじょ》するがゆゑなり。偈《げ》に「無垢荘厳光《むくしょうごんこう》　一念及一時《いちねんぎゅういちじ》　普照諸仏会《ふしょうしょぶつえ》　利益《りやく》諸群生《しょぐんじょう》」といへるがゆゑなり。

三《さん》にはかれ一切世界《いっさいせかい》において余《あま》すことなく、諸仏《しょぶつ》の会《え》の大衆《だいしゅ》を照《て》らして余《あま》すことなく、広《こう》大無量《だいむりょう》に諸仏如来《しょぶつにょらい》の功徳《くどく》を供養《くよう》し恭敬《くぎょう》し讃歎《さんだん》す。偈《げ》に「雨天楽華衣《うてんがくけえ》　妙香等供養《みょうこうとうくよう》　讃諸仏《さんしょぶつ》功徳《くどく》　無有分別心《むうふんべつしん》」といへるがゆゑなり。

四《し》にはかの十方一切世界《じっぽういっさいせかい》の三宝《さんぼう》なき処《ところ》において、仏法僧宝《ぶっぽうそうぼう》の功徳《くどく》の大海《だいかい》を住持《じゅうじ》し荘厳《しょうごん》して、あまねく示《しめ》して如実《にょじつ》の修行《しゅぎょう》を解《さと》らしむ。偈《げ》に「何等世界無《がとうせかいむ》　仏法功徳宝《ぶっぽうくどくほう》　我願皆往生《ががんかいおうじょう》　示《じ》仏法如仏《ぶっぽうにょぶつ》」といへるがゆゑなり。

和文

観察菩薩功徳

菩薩を観察するとは、論にはつぎのようにいわれている。

菩薩をかざりあげた功徳をどのように観察するのか。菩薩をかざりあげた功徳を観察するとは、彼の浄土の菩薩には四種の正しい修行の功徳がまどかにそなわっていることを観察するのである。この四種の功徳の次第をよく承知すべきである。
四種とはどのようなものであるか。
不動揺而遍至（動かずして至る）
まず第一には、浄土の菩薩は、仏の国土にあって身《からだ》を動かさず、しかもあまねく十方の世界に至って、いろいろに応化し、真実《さとり》のままに修行して、つねに仏のいとなみをなすのである。偈に「安楽国は清浄にして、常に無垢の輪を転ず、化仏、菩薩の日、須弥の住持するが如し」というのがそれである。これはあらゆる衆生の於泥華《おでいけ》を開かんがためである。
一念遍至（一念《ひとおもい》のあいだに十方世界に至り仏の諸事業をなすように）
二には、彼の浄土の菩薩の応化身は、どんな時でも、後前《あとさき》の区別なく、一心一念のうちに大いなる光明を放ち、ことごとく十方の世界に至って衆生を教化し、いろいろ方便《てだて》をつくして修行するのである。その修行するところは、生きとし生けるものの苦しみをとりのぞかんがためである。偈に「無垢なる荘厳の光、一念及び一時に、普く諸仏の会を照らし、諸の群生を利益せり」というのがそれである。
無相供養（差別対立を超えて何らの執着の心がない）

三には、彼の応化身は、あらゆる世界に至るあますところなく、諸仏の会座に集まった大衆の所に至り、すぐれた音楽・妙なる花・みごとな衣・すばらしい香《かおり》をあめふらし諸仏如来を供養し、恭敬し、讃嘆する。偈に「天の楽《がく》と花と衣と妙香等を雨《ふ》らして、諸仏の功徳し讃《たた》えるに、分別の心有ること無し」というのがそれである。

示法如法（仏法を示すこと仏の如くせん）

四には、彼の応化身は、十方のあらゆる世界のうちで、三宝のないところにおいて仏法僧の三宝の大海のごとき功徳をとわにたもって失わしめずに荘厳し、それを人々に示して、真実のままなる修行を衆生に解《さと》らしめるのである。偈に「何等の世界にか仏法功徳の宝無《ましま》さず、我れ願わくば皆往生して、仏法を示すこと仏の如くせん」というのがそれである。

解説

かの世界における菩薩の「はたらき」のすばらしさをどのように観察すべきかと申すに、彼国の諸菩薩はいずれも正しい修行によって、それぞれ四種のはたらきを身につけていられるから、そうした四種の徳の次第について観察し、よく承知すべきである。

四種のはたらきとは一つには、浄土の菩薩は一仏の国土にあって、その身を動かさないで、しかも十方の国土に出かけ、宜《よろ》しきに応ずる種々の化身《けしん》を示現《じげん》し、如実《にょじつ》に修行してあまねく衆生を教化《きょうか》し利益される。願生偈に「安楽のみ国は清浄で、いつも無垢《むく》のおしえが説きつづけられ、化生《けしょう》のほとけや菩薩の日輪が、あたかも須弥山《しゅみせん》に支持されていますがようである」とあるのがそれである。菩薩のこのようなはたらきによって、衆生の仏性の蓮《れん》華《げ》が、煩悩《ぼんのう》の泥沼《どろぬま》のうちに育成されていくのである。

二つにはそのような化身《けしん》が、あらゆる時に、前ともならず後ともならず、よく一心一念に大光明をはなって、あまねく十方の世界に行きわたり、種々の方便手段をつくして一切衆生のくるしみを除滅してくださるのであって、願生偈に「清浄無垢《しょうじょうむく》のうつくしい光明をもって、一念のあいだに、しかも同時に、あまねく諸仏の大会《たいえ》をてらし、もろもろの衆生を利益したもう」とあるのがそれである。

三には、かの菩薩たちは、一切の世界において、あらゆる仏の大会を余すところなく照らし、広大無量に供養《くよう》し恭敬《くぎょう》して、諸仏如来の功徳を讃嘆《さんだん》される。願生偈に「天楽《てんがく》や、天《てん》華《げ》や、天衣や、妙香《みょうこう》を、降る雨のごとく無辺に供養し、諸仏の功徳をほめたたえて、しかも心に分別《ふんべつ》の念がない」というのがそれである。

四には、十方のあらゆる世界において、仏法の普及していない国土があると、そこにおもむいて仏と法と僧の価値を宣揚し、功徳を高挙して、あまねく人に実のごとく信受し奉《ぶ》行《ぎょう》せしめる。願生偈に「どこかに法雨の至らない世界があるならば、菩薩はすすんでそれらの世界に出かけ、おおいに仏法を宣揚して、ほとけが世におわすと同様に、教化せしめたもう」というのがそれである。

仏の本願力、誰ひとりとしてむなしくすぎゆく者なき仏の住持の力（第八、不虚作住持功徳）から展開するのは、四種のかざられた功徳である。

菩薩のかざられた功徳を観察するとは、浄土の菩薩には四種の正しい修行がまどかに備わっていることを観察するのである。

正しい修行とは真如にかなった修行をするということ、如実なる修行をいう。

その意味を明らかにするうえで四つに分ける。

㈠　不動にして応化する功徳（不動応化功徳）
㈡　同時に十方に至る功徳（一念遍示功徳）
㈢　諸仏を供養する功徳（無余供養功徳）

(四)　三宝なき世界へはたらく功徳（遍至三宝功徳）

以上で菩薩四種の観行のすがたの章は終わる。

浄入願心章

又向説観察荘厳仏土功徳成就、荘厳仏功徳成就、荘厳菩薩功徳成就。此三種成就願心荘厳。応知。略説入一法句故。一法句者謂清浄句。清浄句者謂真実智慧無為法身故。此清浄有二種。応知。何等二種。一者器世間清浄、二者衆生世間清浄。器世間清浄者、如向説十七種荘厳仏土功徳成就。是名器世間清浄。衆生世間清浄者、如向説八種荘厳仏功徳成就、四種荘厳菩薩功徳成就、是名衆生世間清浄。如是一法句摂二種清浄義。応知。

一　願入浄心章　願心の荘厳

又向《さき》に観察荘厳仏土功徳成就《しょうごんぶつどくどくじょうじゅ》と荘厳仏功徳成就《しょうごんぶつくどくじょうじゅ》と荘厳菩薩功徳成就《しょうごんぼさつくどくじょうじゅ》とを説きつ。この三種《さんしゅ》の成就《じょうじゅ》は、願心《がんしん》をもつて荘厳《しょうごん》せり、知《し》るべし。

略《りゃく》説して一法句《いっぽっく》に入《い》るが故に。

一法句《いっぽっく》とは、清浄句《しょうじょうく》なり。清浄句《しょうじょうく》といはく、真実《しんじつ》の智慧無為法身《ちえむいほっしん》なるが故に。

この清浄《しょうじょう》に二種《にしゅ》ありと、知《し》るべし。

なんらか二種《にしゅ》。一《いち》には器世間《きせけん》清浄《しょうじょう》、二《に》には衆生《しゅじょう》世間《せけん》清浄《しょうじょう》なり。
器世間《きせけん》清浄《しょうじょう》とは、向《さき》に説《と》くがごとく十七種《じゅうしちしゅ》の荘厳《しょうごん》仏土《ぶつど》功徳《くどく》成就《じょうじゅ》なり。これを器世間《きせけん》清《しょう》浄《じょう》と名《な》づく。
衆生《しゅじょう》世間《せけん》清浄《しょうじょう》とは、向《さき》に説《と》くが如き八種《はっしゅ》の荘厳《しょうごん》仏《ぶつ》功徳《くどく》成就《じょうじゅ》と四種《ししゅ》の荘厳《しょうごん》菩薩《ぼさつ》功徳《くどく》成就《じょうじゅ》となり。これを衆生《しゅじょう》世間《せけん》清浄《しょうじょう》と名《な》づく。
かくの如く一法句《いっぽっく》に二種《にしゅ》の清浄《しょうじょう》の義《ぎ》を摂《せっ》すと、知《し》るべし。

和文

また、さきに仏土の功徳がみごとにかざりあげられているすがた、ほとけがみごとにかざりあげられているすがた、菩薩がみごとにかざりあげられているすがたを観察することを説いてきたが、この三種がみごとに完成しているのは、法蔵菩薩の願心によってかざりあげられたものだからである。このことをよく承知すべきである。

大略していえば、三種のかざりは一法句に収まる。一法句とは清浄句である。清浄句とは真実の智慧たる無為法身をいう。

この清浄に二種類ある。よく承知すべきである。

二種とはどのようなものか。一つには器世間の清浄、二には衆生世間の清浄である。器世間の清浄とは、さきに説かれた十七種の仏土をかざりあげた功徳のことである。これを器世間の清浄と名づける。

衆生世間の清浄とは、さきに説かれた八種の仏をかざりあげた功徳と四種の菩薩をかざりあげた功徳のことである。これを衆生世間の清浄と名づける。

このように一法句のなかに二種の清浄がふくまれている。よく承知すべきである。

菩薩の巧みな方便としての回向は、菩薩心である。自分が法に安住する楽しみを求めずに、あらゆる衆生の苦しみをのぞこうとする。つまり、すべての衆生を救いとって共に同じく彼の安楽国土に生まれたいと願う。

これを回向の完成と名づけるという。

無上菩薩の心をおこさずに、安楽浄土は、楽しみをうけること限りないと聞き、往生を願っても、その人は往生できない。

巧みな方便とは、菩薩が自らめざめた智慧の火であらゆる衆生を救い、共に同じく阿弥陀仏の安楽国に生まれたいと願うことであろう

浄土　真実報土

『教行信証《きょうぎょうしんしょう》（証巻）』には往相・還相が中心となって説かれているが、親鸞聖人の真実報土観は、そのような往還二廻向論で説かれている浄土であると言えよう。

証巻に、広略相入《こうりゃくそうにゅう》という問題が説かれている。

（一）国土浄土の荘厳

（二）如来の問題

（三）菩薩の問題

である。

『浄土論』で、浄土二十九種の荘厳浄土の相とその働き、その点を明らかにして、なぜ、荘厳清浄がなされたか。浄土建立の根本論理、広略相入の論理が説かれる。

その一番の根拠は何か。

それは自利利他円満ということである。

浄土の二十九種荘厳を広（広く全体を示す）、真如法性一法句を略（簡略に示す）とし、広と略とが相互に通じ合っている。方便として形相にあらわれた事象と、その成立根拠である究極の真理とは不一不異の関係にある。

真如法性の一法句《いっぽうく》は真如、永遠、不変の真理、阿弥陀仏の真実報土の悟りである。

法性は、一切の存在、現象の真の本性、真実ありのままのすがた不改不変の真理であり、一法句は真実の悟りである。

世親の『浄土論』に見える言葉であるが、阿弥陀仏とその浄土・菩薩等のすぐれた姿がそのまま清浄真実な永遠普遍の悟りそのものであると説く。

広略相入の論理、浄土建立の根本理論である。

一、無為法身

二、それからでてくる方便法身、法身仏としての阿弥陀仏

三、それから更に浄土という三つのものの関係がどうなっているか。

法性法身は「いろもなし、かたちもましまさず」（『唯信鈔文意《ゆいしんしょうもんい》』）。

法性法身、そこから名前をあらわし、かたちをあらわし、方便法身としてのその阿弥陀仏がでてくる。

名もかたちもましまさぬ仏が、真の阿弥陀仏であるから、その方便法身としての仏は、

法性法身の仏である。

その法性法身と方便法身との関係を親鸞聖人は、光明無量として永遠の姿、命というものがあらわれてくる光と名《みな》で現わす。

いのちをもち、光をもち、真理をもったものとしてあらわす。

光がさして万物のすがたをあらわしたところに、如来が如来として衆生の前に、浄土が浄土として現世とわれらの前にあらわれきたところに、法性法身と方便法身との相互関係がある。

そこに浄土があり、往相と還相を全うした行信が成立している。

三心の展転相成それは、三心の交互媒介によって三つのそれぞれが成立しているという。浄土教の根本の考え方であろう。

三心というのは、淳心と一心（決定心）と相続心である。

a　信仰というものの相続、持続性
b　信仰の決定、決断、宗教的な決断
c　淳き心の問題、信のまじりけない状態。混濁と不純物を拭い去って、自己浄化によって素朴で温淳、誠懇となること。

この三心が、展転相成するということと相即呼応するような形で浄土の真実、智慧、無為心の三つのものの展転相入ということが『教行信証』（信巻）で述べられている。無為法身の形もなく、姿もましまさぬ阿弥陀仏が名前をあらわし、光をあらわし、智慧の形を具象化する。いのちの在り方、真実の自己自身を示す。

それらの在り方全体が一法句であって、その清浄の中に如来、菩薩、国土いう形が成就してくる。

信仰の中では淳心、相続心、決定心というものの展転相成となり、相互に映じ合っているというのである。

二　善巧摂化章　方便による衆生救済

如是菩薩、奢摩他毘婆舎那広略修行成就柔軟心、如実知広略諸法。如是成就巧方便廻向。何者菩薩巧方便廻向。菩薩巧方便廻向者、謂説礼拝等五種修行所集一切功徳善根、不求自身住持之楽、欲抜一切衆生苦故、作願摂取一切衆生共同生彼安楽仏国。是名菩薩巧方便廻向成就。

かくのごとく菩薩《ぼさつ》は、奢摩他《しゃまた》と毘婆舎那《びばしゃな》を広略《こうりゃく》に修行《しゅぎょう》して柔軟心《にゅうなんしん》を成就《じょうじゅ》す、如実《にょじつ》の広略《こうりゃく》の諸法《しょほう》を知《し》る。

かくのごとく巧方便回向《ぎょうほうべんえこう》を成就《じょうじゅ》せり。何者《なにもの》か菩薩《ぼさつ》の巧方便回向《ぎょうほうべんえこう》。菩薩《ぼさつ》の巧方便回向《ぎょうほうべんえこう》というは、いはく、説《と》ける礼拝等《らいはいとう》の五種《ごしゅ》の修行《しゅぎょう》をもつて集《あつ》むるところの一切《いっさい》の功徳善根《くどくぜんごん》をして、自身《じしん》の住持《じゅうじ》の楽《らく》を求《もと》めず、一切衆生《いっさいしゅじょう》の苦《く》を抜《ぬ》かんと欲《おも》うがゆゑに。一切衆生《いっさいしゅじょう》を摂取《せっしゅ》して、ともに同《おな》じくかの安楽仏国《あんらくぶっこく》に生《しょう》ぜんと作願《さがん》するなり。これを菩薩《ぼさつ》の巧方便回向《ぎょうほうべんえこう》成就《じょうじゅ》と名《な》づく。

和文

このように菩薩は、奢摩他《しゃまた》と毘婆舎那《びばしゃな》とを広、略に修行して、柔軟な心を完成させるのである、と。

実《まこと》のままに「広」たる二十九種のかざりと「略」たる一法句との諸法を知るのである。

このように菩薩は巧《たく》みな方便《てだて》である回向《えこう》の門を成就するのである。

菩薩の巧《たく》みな方便《てだて》である回向《えこう》とはどのようなものか。菩薩の巧みな方便である回向とは、前に説いてきた礼拝などの五種の修行の功徳をすべて集めた善根によって、自分が法に安住する楽しみを求めずに、あらゆる衆生の苦しみをとりのぞこうとすることをいう。つまりすべての衆生を救いとって、ともに同じく彼の安楽国土に生まれたいと願う、これを菩薩の巧みな方便である回向の完成と名づけるのである。

解説

柔軟心の目覚め　巧みな衆生教化である。

善巧《たくみ》に衆生、人々を摂め教化するとは、次のように言われている。

奢摩他《しゃまた》śamathaは止《し》・定・寂静《じゃくじょう》、能滅と漢訳する。

心を一つの対象にそそぐ、静かな他の状態、止心であろう。下界の対象に向かう感覚を制限して、心のはたらきを静める修行、定である。

能く一切の煩悩結を静め、一つのところに心を落ちつかせる。能調とも言い、能く諸根の悪、不善を調える。

奢摩他は、寂静、よく三業をして寂静と成らしめる。遠離《おんり》といい、能く衆生を五欲を離れしむる能清ともいい、能く貪欲、瞋恚、愚痴の三濁法を清める。

止と名づくのは、心を守って縁に住し散動を離る。心を止めて乱さぬ、禅定である。

毘婆舎那《びばしゃな》vipaśyanāは、観、見、種々観察等と訳す。正しい直観で明らかに観察することである。智慧をおこし対象を観じ、正見、了見、慧と為す。

修行して、国土の清浄性を獲得した心、柔軟な心を完成させる。我所の心、念情の心なしとある。

三　障菩提門章　菩提の障りを離れる門

菩薩如是善知廻向成就、即能遠離三種菩提門相違法。何等三種。一者依智慧門不求自楽。遠離我心貪著自身故。二者依慈悲門抜一切衆生苦、遠離無安衆生心故。三者依方便門憐愍一切衆生、心遠離供養恭敬自身心故。是名遠離三種菩提門相違法。

菩薩《ぼさつ》かくのごとくよく回向《えこう》を知《し》りて成就《じょうじゅ》すれば、即ちよく三種《さんしゅ》の菩提門相違《ぼだいもんそうい》の法《ほう》を遠離《おんり》す。なんらか三種《さんしゅ》。

一《いち》には智慧門《ちえもん》によりて自楽《じらく》を求《もと》めず。我が心が自身《じしん》に貪着《とんじゃく》することを遠離《おんり》するが故《ゆえ》なり。

二《に》には慈悲門《じひもん》によりて一切衆生《いっさいしゅじょう》の苦《く》を抜《ぬ》く。衆生《しゅじょう》を安《やす》んずることなき心《しん》を遠離《おんり》するが故《ゆえ》なり。

三《さん》には方便門《ほうべんもん》によりて一切衆生《いっさいしゅじょう》を憐愍《れんみん》する心《しん》なり。自身《じしん》を供養《くよう》し恭敬《くぎょう》する心を遠離《おんり》するが故《ゆえ》なり。

これを三種《さんしゅ》の菩提門相違《ぼだいもんそうい》の法《ほう》を遠離《おんり》すと名《な》づく。

和文

菩薩が巧みな方便によって、善く回向が成就されたことを知るならば、そのとき菩薩は菩提の門に相違する三種の心を離れるのである。三種の心とは何であるのか。

一には、智慧の門によって自分の楽を求めず、我執の心によって自分自身に執着することを離れるのである。

二には、慈悲の門によって、あらゆる衆生の苦しみを抜き、衆生を安らかにすることのない心を離れるのである。

三には、方便の門によってあらゆる衆生をいつくしみ、自分自身が供養され恭《うやま》われたいとする心を離れるのである。

解説

これを菩提の門に相違する三種の障りを離れるというのである。

菩提にいたる門を障げる心を離れるとは、『浄土論』につぎのようにいわれている。

菩薩はこのようにして善く回向が成就されたことを知って、ただちに菩提の門に相違する三種の法を離れるのである。

一には、智慧の門によって自己の楽を求めず、我執の心によって自己自身に執着することをはなれるのである。

一について『論註』には次のような解釈がある。

智慧の門によって仏道に前進することを知って、二乗に声聞、縁覚の自利の道に堕ちることのないようにすることを智といい、あらゆる存在は空であり無我であると知るのを慧という。智によるから自己の楽を求めず、慧によるから我執の心によって自己自身に執着することをまったくはなれるのである。

二には、慈悲の門によって生きとし生ける者の苦しみをのぞき、衆生を安らかにすることのできない心をはなれるのである。

これについて『論註』は解説を加える。

苦しみをとりのぞくことを慈といい、楽を与えることを悲という。慈によるから生きとし生ける者の苦しみをとりのぞき、悲によるから衆生を安らかにすることのできない心をはなれるのである。

三には、方便の門によって、生きとし生けるものをいつくしみ、自己自身が供養しうやまわれたいという心をはなれるのである。

三についても『論註』は解説を加えている。

正直《まっすぐ》なことを方といい、自分を度外視することを便という。正直によるからあらゆる衆生をいつくしむ心を生じ、自分を度外視するから、自己自身が供養されうやまわれたいという心をはなれるのである。

智慧の門によって「自分の楽を求める心」の障り、慈悲の門によって「一切の人びとを安らかにしない心」の障り、方便の門によって「自己が恭われたいところの心」の障りを離れるのである。以上で、菩薩の門にて障りを離れることを明らかにした。

四　順菩提門章　菩提に順ずる門

菩薩門に順ずる順菩薩門

菩薩遠離如是三種菩提門相違法得三種随順菩提門法満足故。何等三種。一者無染清浄心、

以不為自身求諸楽故。二者安清浄心、以抜一切衆生苦故。三者楽清浄心、以令一切衆生得大菩提故。以摂取衆生生彼国土故。是名三種随順菩提門法満足。応知。

菩薩《ぼさつ》はこのごとき三種《さんしゅ》の菩提門相違《ぼだいもんそうい》の法《ほう》を遠離《おんり》して、三種《さんしゅ》の随菩提門《ぼだいもん》の法満足《ほうまんぞく》することを得《う》るが故なり。なんらか三種《さんしゅ》。

一《いち》には無染清浄心《むぜんしょうじょうしん》なり。自身《じしん》のために諸楽《しょらく》を求《もと》めざるをもつての故なり。

二《に》には安清浄心《あんしょうじょうしん》、一切衆生《いっさいしゅじょう》の苦《く》を抜《ぬ》くをもつての故なり。

三《さん》には楽清浄心《らくしょうじょうしん》、一切衆生《いっさいしゅじょう》をして大菩提《だいぼだい》を得《え》しむるをもつての故に、衆生《しゅじょう》を摂取《せっしゅ》してかの国土《こくど》に生《しょう》ぜしむるをもつての故なり。

これを三種《さんしゅ》の随菩提門《ぼだいもん》の法満足《ほうまんぞく》と名《な》づくと、知《し》るべし。

和文

菩薩は、このように菩薩の門に相違する三種の障りを菩薩の門に付随する三種の法に満足をうるのである。これらの三種の心とは何であるのか。一には染《よご》れのない清浄の心、無染清浄心である。それは自分のためにもろもろの楽を求めることがないからである。

二には衆生を安らかにする清浄の心、安清浄心である。それはあらゆる衆生の苦しみをとりのぞくからである。

三には衆生に楽をあたえる清浄の心、楽清浄心である。それはあらゆる衆生に大菩提心を得させ、衆生を救いとって彼の安楽国に生まれさせるからである。

これらを菩提の門に順ずる三種の法に具わるというのである。よく知るべきである。

解説

一について『論註』は次のように解釈を加える。

菩提は、染《けが》れのない清浄の場処である。もし自身のために楽をもとめるならば、菩薩にそむくことになる。だから染《けが》れのない清浄の心は菩提に順《したが》う門である、と。

二についても『論註』は解釈を加えている。

菩提は、すべての衆生を安穏《やすらか》にする清浄の場処である。もしわざとあらゆる衆生をほったからしにして生死《まよい》の苦しみを離れさせないなら、菩提にそむくことになる。だからすべての衆生の苦しみをとりのぞくことは、菩提に順《したが》う門である。

三についても『論註』は次のように解説を加えている。

菩提は、この上ない常楽の場所である。もしすべての衆生にこの上ない常楽をあたえないなら、菩提にたがうことになる。この無上なる常楽は何によって得ることができるかといえば、大乗門によってである。大乗門とは、彼の安楽仏国土のことをいう。だからまた「衆生を救いとって、彼の安楽国土に生まれさせる」といわれるのである。

五　名義摂対章　智慧・慈悲・方便の名とその意味（名義摂対）

「名義摂対」名と義を摂め対《あわ》せるについて

向説智慧・慈悲・方便三種門摂取般若。般若摂取方便。応知。向説遠離我心不貪著自身、遠離無安衆生心、遠離供養恭敬自身心、此三種法遠離障菩提心。応知。向説無染清浄心安清浄心楽清浄心、此三種心略一処成就妙楽勝真心。応知。

名義摂対というは、

向《さき》に説《と》く智慧《ちえ》と慈悲《じひ》と方便《ほうべん》との三種《さんしゅ》の門《もん》をして般若《はんにゃ》を摂取《せっしゅ》す、般若《はんにゃ》は方便《ほうべん》を摂取《せっしゅ》すと、知《し》るべし。

向《さき》に我心《がしん》を遠離《おんり》して自身《じしん》に貪着《とんじゃく》せざることと、衆生《しゅじょう》を安《やす》んずることなき心《しん》を遠離《おんり》することと、自身《じしん》を供養《くよう》し恭敬《くぎょう》する心《しん》を遠離《おんり》することとを説《と》けり。この三種《さんしゅ》の法《ほう》は菩提《ぼだい》を障《さ》ふる心《しん》を遠離《おんり》す、知《し》るべし。

向《さき》に無染清浄心《むぜんしょうじょうしん》、安清浄心《あんしょうじょうしん》、楽清浄心《らくしょうじょうしん》を説《と》けり。この三種《さんしゅ》の心《しん》は、一処《いっしょ》にして妙《みょう》楽勝真心《らくしょうしんしん》を成就《じょうじゅ》するなり。知《し》るべし。

和文

（一）般若と方便

さきに説いた智慧と慈悲と方便との三種の門は、般若《はんにゃ》をおさめており、般若は、方便を修めている。このことをよく承知すべきである。

（二）菩提心を障げるもの

さきに、我《が》の心をはなれ自身に執着しないこと、衆生を安んぜしめることのできない心をはなれること、自己自身が供養されうやまれたいとおもう心をはなれる法について説いたが、この三種の法によって菩提をさまたげる心をはなれるのである。このことをよく承知すべきである。

三種の清浄心

さきに、染《け》れのない清浄の心、衆生を安らかにする清浄の心、衆生に楽をあたえる清浄な心について説いたが、この三種の心は大略すれば同一のものであって、妙薬にして勝れた真心を完成させるのである。このことをよく承知すべきである。

解説

さきに「我執の心によって自分自身に貪着することを離れる」（遠離我心不貪着自身）と、「衆生を安らかにすることのない心を離れる」（遠離無安衆生心）と、「自分自身が供養され恭われたいとする心を離れる」（遠離供養恭敬自身心）ことを説いた。この三種のあり方が菩提を障《さまた》げる心を離れるのである。よく知るべきである。

さきに、染《けが》れのない清浄の心（無染清浄心）と衆生を安らかにする清浄の心（安清浄心）と衆生に楽をあたえる清浄な心（楽清浄心）を説いたが、この三種の心は総じて一つのものであって、妙薬にして勝れた真心（妙薬勝真心）を成就させる、と知るべきである。

六　願事成就章　菩提の清浄心と五念門の行

願生の事業が成就する

如是菩薩智慧心方便心無障心勝真心能生清浄仏国土。応知。是名菩薩摩訶薩随順五種法門所作随意自在成就。如向所説身業口業意業智業方便智業随順法門故。

願事成就というは

かくのごとく菩薩《ぼさつ》は智慧心《ちえしん》、方便心《ほうべんしん》、無障心《むしょうしん》、勝真心《しょうしんしん》をもってよく清浄《しょうじょう》の仏国土《ぶっこくど》に生《しょう》ずと、知《し》るべし。

これを菩薩摩訶薩《ぼさつまかさつ》、五種《ごしゅ》の法門《ほうもん》に随順《ずいじゅん》して、作所意《なすところこころ》に随《したが》ひて自在《じざい》に成就《じょうじゅ》せりと名《な》づく。向《さき》の所説《しょせつ》のごとき身業《しんごう》、口業《くごう》、意業《いごう》、智業方便智業《ちごうほうべんちごう》は、法門《ほうもん》に随順《ずいじゅん》するが故なり。

和文

菩薩の清浄心と五念門の行（願事成就）

願生の事業の成就（願事成就）について、

このように、菩薩は智慧の心、方便の心、菩提を障げない心、勝れた真心《まことのこころ》によって、よく清浄なる国土に生まれることができるのである。知るべきである。

これを、菩薩は五種の法門に順っておこなおうとすることすべてが随意《こころのまま》に自在になるというのである。先に説かれたように、身業、口業、意業、智慧の業、方便智の業は五念の法門に順うものだからである。

解説

浄土に生まれたいという願いの事業が成就するとは、論につぎのようにいわれている。

このように菩薩は、智慧の心と方便の心と菩提を障げることのない心と勝れた真《まこと》の心とによって、清浄なる仏の国土に生まれることができるのである。このことをよく承知すべきである。

これを、大菩薩は五種の法門にしたがって、行おうとすることすべてがおもいのまま自由自在に成しとげられる、というのである。五種の法門とはさきに説かれたように、身の業、口の業、意《こころ》の業、智慧の業、方便智の業であって、これらは、浄土に生まれることに随順する法門であるからである。

「おもいのまま自由自在」とは、この五種の功徳の力によってよく清浄なる仏国に生まれ、出るも没するも自由自在であるということである。身の業とは礼拝すること、口の業とは讃嘆すること、意《こころ》の業とは作願すること、智慧の業とは観察すること、方便智の業とは回向することである。この五種の業が和合すれば、浄土へ往生する法門に随順し、自在なる業が成就するのである。

七　利行満足章　衆生救済の行の成就

復有五種門漸次成就五種功徳。応知。何者五門。一者近門、二者大会衆門、三者宅門、四

者屋門、五者園林遊戯地門。此五種門、初四種門成就入功徳、第五門成就出功徳。入第一門者、以礼拝阿弥陀仏為生彼国故得生安楽世界、是名入第一門。入第二門者、以讃歎阿弥陀仏、随順名義称如来名依如来光明智相修行故得入大会衆数、是名入第二門。入第三門者、以一心専念作願生彼修奢摩他寂静三昧行故得入蓮華蔵世界、是名入第三門。入第四門者、以専念観察彼妙荘厳修毘婆舎那故得到彼所受用種種法味楽、是名入第四門。出第五門者、以大慈悲観察一切苦悩衆生、示応化身、廻入生死園、煩悩林中、遊戯神通至教化地。以本願力廻向故、是名出第五門。菩薩入四種門自利行成就。応知。菩薩出第五門廻向利益他行成就。応知。菩薩如是修五門行自利利他速得成就阿耨多羅三藐三菩提故。

また五種《ごしゅ》の門《もん》ありて漸次《ぜんじ》に五種《ごしゅ》の功徳《くどく》を成就《じょうじゅ》すと、知《し》るべし。何者《なにもの》か五門《ごもん》。一《いち》には近門《ごんもん》、二《に》には大会衆門《だいえしゅうもん》、三《さん》には宅門《たくもん》、四《し》には屋門《おくもん》、五《ご》には園林遊戯地門《おんりんゆげちもん》なり。この五種《ごしゅ》の門《もん》は、初《はじ》めの四種《ししゅ》の門《もん》は入《にゅう》の功徳《くどく》を成就《じょうじゅ》し、第五門《だいごもん》は出《しゅつ》の功徳《くどく》を成就《じょうじゅ》す。

入第一門《にゅうだいいちもん》とは、阿弥陀仏《あみだぶつ》を礼拝《らいはい》し、かの国《くに》に生《しょう》ぜんとなすをもつての故に、安楽世界《あんらくせかい》に生《しょう》ずることを得《う》。これを入第一門《にゅうだいいちもん》と名《な》づく。

入第二門《にゅうだいにもん》とは、阿弥陀仏《あみだぶつ》を讃歎《さんだん》し、名義《みょうぎ》に随順《ずいじゅん》して如来《にょらい》の名《みな》を称《しょう》し、如来《にょらい》の光明《こうみょう》智相《ちそう》によりて修行《しゅぎょう》するをもつての故に、大会衆《だいえしゅ》の数《かず》に入《い》ることを得《う》。これを入第二門《にゅうだいにもん》と名《な》づく。

入第三門《にゅうだいさんもん》とは、一心専念《いっしんせんねん》し作願《さがん》して、奢摩他《しゃまた》寂静三昧《じゃくじょうざんまい》の行《ぎょう》を修《しゅ》するをもつての故に、蓮華蔵世界《れんげぞうせかい》に入《い》ることを得《う》。これを入第三門《にゅうだいさんもん》と名《な》づく。

入第四門《にゅうだいしもん》とは、専念《せんねん》にかの妙荘厳《みょうしょうごん》を観察《かんざつ》し、毘婆舎那《びばしゃな》を修《しゅ》するをもつての故に、かの所《ところ》に到《いた》りて種々《しゅじゅ》の法味楽《ほうみらく》を受用《じゅゆう》することを得《う》。これを入第四門《にゅうだいしもん》と名《な》づく。

出第五門《しゅつだいごもん》とは、大慈悲《だいじひ》をもって一切苦悩《いっさいくのう》の衆生《しゅじょう》を観察《かんさつ》して、応化身《おうげしん》を示《しめ》して、生死《しょうじ》の園《その》、煩悩《ぼんのう》の林《はやし》のなかに回向《えにゅう》して遊戯《ゆげ》し、神通《じんずう》をもって教化地《きょうけぢ》に至《いた》る。本願力《ほんがんりょく》の回向《えこう》をもっての故なり。これを出第五門《しゅつだいごもん》と名《な》づく。

菩薩は入四種の門をして自利の行成就すと知るべし。

菩薩は出第五門の廻向利益他の行成就したまえりと知るべし。

菩薩、是の如く五念門の行を修して、自利利他して、速《すみ》やかに阿耨多羅三藐三菩提《あのくたらさんみゃくさんぼだい》を成就したまえることを得たまえるが故に。

和文

さらに五種の門があって、順次に五種の功徳を成就せしめるのである。よく承知すべきである。

五種の門とはどのようなものかといえば、一には近門《ごんもん》、二《に》には大会衆門《だいえしゅもん》、三《さん》には宅門《たくもん》、四《し》には屋門《おくもん》、五《ご》には園林遊戯地門《おんりんゆげぢもん》である。

この五門のうち、はじめの四門は浄土に入るについての功徳を成就し、第五の門は教化に出るについての功徳を成就している。

入の第一門とは、阿弥陀仏を礼拝し、彼の国に生まれんとすることによって、安楽世界に生まれることができることをいう。これを入の第一門と名づける。

入の第二門とは、阿弥陀仏を讃えまつり、名《みな》の義《いわれ》にこころからしたがって如来の名を称し、如来の光り明らかな智慧の相に依って修行して、その徳をもって仏の説法の大会に集まる衆《ひとびと》の仲間に入ることができることをいう。これを入りの第二門と名づける。

入の第三門とは、一心にひたすら願いをなして彼の国に生まれ、奢摩他たる寂静三昧の行を修することによって、清浄な蓮華蔵世界に入ることができることをいう。これを入の第三門と名づける。

入りの第四門とは、ひたすらに彼の浄土の妙なるかざりを観察し、毘婆舎那を修行することによって、彼の阿弥陀仏の処《みもと》に致ることができ、仏法についてのいろいろな楽しみを味わうということである。これを入りの第四門と名づける。

教化にでる第五門とは、大いなる慈悲をもって苦悩するすべての衆生のすがたを観察し、それらの衆生に応じて身を変じて生死の園《まよい》である煩悩しげき世界に入り、神通をあらわして遊戯《ゆげ》し、衆生教化を全うするということである。それはもともと衆生を救済しようとする本願の力が回向されているからである。これを出の第五門と名づける。

菩薩は、浄土に入る四種の門によって自利の修行を成就する。このことをよく承知すべきである。

菩薩は、教化に出る第五の門によって、自分の功徳を回向して衆生を利益する行を成就するのである。このことをよく承知すべきである。

菩薩は、このようにして五念門の行をおさめ、自利利他して、すみやかに阿耨多羅三《あのくたらさん》藐三菩提《みゃくさんぼだい》を成就《じょうじゅ》されるのである。

解説

つぎにまた五種の仕方があり、次第のごとく五種の功徳を成就する。五種の功徳とは一に近門《ごんもん》、二《に》に大会衆門《だいえしゅもん》、三《さん》に宅門《たくもん》、四《し》に屋門《おくもん》、五《ご》に園林遊戯地門《おんりんゆげぢもん》である。この五種の門のうち、始めの四門は「入《にゅう》」の功徳を成就し、第五の門は「出《しゅつ》」の功徳を観察する。

すなわち、最初に阿弥陀仏を礼拝してかの国に生まれたいとねがう。これが「入」の第一門で近門にあたる。つぎに阿弥陀仏を讃嘆したてまつり、その名義《みょうぎ》にしたがって仏のみ名をとなえ、ほとけの光明智相《こうみょうちそう》のごとく修行し、それによって仏の大会に参加させてもらうことになる。これが「入」の第二門で大会衆門にあたる。つぎに一心専念にかの国にうまれたいと念願して、心を落ちつけるための寂静三昧《じゃくじょうざんまい》を修行し、それによって蓮華《れんげ》のようにうつくしい阿弥陀仏の国土に入ることができる。これが「入」の第三門で宅門《たくもん》にあたる。つぎに一向にかの国土の微妙なすがたを観察して観照のちからをやしない、かしこにいたって種々の法味をたのしむことができる。これが「入」の第四門で屋門にあたる。つぎに大慈悲をもってあらゆる苦悩の衆生を観察し、相手の機類にふさわしい化身《けしん》を示現《じげん》して、生死《しょうじ》の園《その》にわけ入り、煩悩の林の中を経めぐりながら、意のおもむくにまかせて衆生を利益《りやく》し教化《きょうけ》する。これは他から押しつけられる労作ではなく、自分の本能によって然らしめられる主体的のはたらきであるから、園林のなかでの任意な遊戯にたとえられる。これが「出」の第五門で園林遊戯地門にあたる。

要するに、菩薩は「入」の四種の門をもって自利の行を成就し、「出」の第五門をもって利他の行を成就することになる。

このように「入」と「出」との二門にわたる五念門の行をおさめて自利利他を成就し、それによってすみやかにさとりを開くに至るのである。

無《む》量《りょう》寿《じゅ》修《しゅ》多《た》羅《ら》優《う》婆《ば》提《だい》舎《しゃ》願《がん》生《しょう》偈《げ》、略解義意。

無量寿経（修多羅）の優婆提舎なる願偈について、略《りゃく》して義《ぎ》を解《げ》しをはりぬ。

『無量寿経優婆提舎願生偈』について大略してその意義を解くことは以上で終わった。

終章　世親菩薩『浄土論』の最後を結ぶ

無量寿経優婆提舎願生偈

第二章　愚禿釈親鸞作『入出二門偈頌』を読む

世親菩薩造『浄土論』の論議

『入出二門偈頌』は、世親の『無量寿経優姿婆提舎願生偈』（後魏菩提留支訳）に説く「入出二門」を中心に親鸞によって作られた漢文の偈である。

それに曇鸞の浄土教の註釈『浄土論註』と道綽の『安楽集』、善導の『観経疏』等の釈義を加え讃えられた親鸞作の偈頌（詩句）である。

婆藪槃豆《ばそばんず》菩薩（旧訳では天親と訳し、新訳では新たに世親と訳す。）がお造りになった「優婆提舎願生偈」を、善導大師は「浄土論」と名づけた。

この論は、「往生論」ともいう。入出の二門はこれより偈頌とされたのである。

愚禿釈親鸞作『入出二門偈頌』（現代文）

世親菩薩は、大乗の経典のまことの功徳によって、一心に尽十方不可思議光如来に帰命なされた。

何ものにもさまたげられない無碍の光明は、大いなる慈悲の光であり、その光は諸仏の智慧である。

安養の浄土を見るに、きわもなく、虚空のごとく広大である。

五種の不可思議を説くなかに、仏力がもっとも不可思議である。なかでも仏土は不可思議な二つの不思議な力がある。これは安楽浄土の至功徳を示している。

一つには、修行という行為の働きがもっている業力である。法蔵菩薩の大願業力により成就されている。

二つには、正覚を得られた阿弥陀法王の善力の救いである。

安楽浄土には、女性であるとか、体の諸器官に欠け、身心が不自由である人、自らのさとりだけを求める二乗種の人も全くいないと言う。

阿弥陀如来の浄土に生まれる聖者の人々は、法蔵菩薩の花から化生する。

浄土に生まれる人の基準に上品、中品、下品の差があり、さらにそれぞれに又三種の差があるとして、上品上生、上品中生、上品下生ないし、中品上生、中品中生、中品下生。下品上生、下品中生、下品下生の九品に分け、ここから浄土を九品の浄土という。

なぜなら同一念仏の道による。それは中国の河の名、淄水、浄水も海に入れば一味になるごとくである。

かの阿弥陀仏の本願力を観ずるに愚かな凡夫も召されて空しく遂ぐる者はない。

一心に専念すれば速やかに真実功徳の大宝海を満足させて下さる。

阿弥陀仏が菩薩であった時、法蔵菩薩は、浄土往生するための修行として五念門を立てて出入し、自利利他の行を成就された。

長い時間をかけて、修行にて五功徳門を成就された。

何を五念門と名づけるか。礼拝と讃嘆と作願と観察と回向である。

どのように礼拝するのかというと、身業で礼拝されたのである。阿弥陀仏の正しく完全に真理をさとった巧みな手だてによって、諸々の人々に安楽浄土へ往生せしめたもうゆえである。

これを第一門に入ると名づく。またこれを近門《ごんもん》に入るという。

どのように讃嘆するのかというと、口業でほめたたえられた。仏の名号を称えさせ、如来の光明の智慧、相の如く修し、如実に行を修めさせようとなさるからである。

無礙光如来の本願は、摂取選択の行だからである。

これを名づけて第二門に入るという。すなわち大会衆門《だいえしゅもん》に入ることを得るのである。

どのように作願するのかというと、心に常に願われたのである。一心に専念し念仏して浄土に生れようと願わせるのである。

蓮華蔵世界に入るを得て、如実に奢摩他《しゃまた》を修めさせようとなさる。

これを名づけて第三門に入るという。またこれを名づけて宅門《たくもん》に入るというのである。

どのように観察するのかというと、智慧にて観察なさった正しい思いで浄土を観じて、実の如く毘婆舎那を如実に修めさせようとなさるからである。かの浄土に生れたならば、ただちに法を味わうさまざまな楽しみを受けさせてくださる。これを第四門に入るという。

またこれを名づけて屋門《おくもん》に入るというのである。法蔵菩薩の修行が成就するということは、この四種は入の功徳を成就なさったのであり、自利の行であると知るべきである。

第五は出の功徳を成就なさったのである。法蔵菩薩の出第五門は、どのように回向するのか、心に作願されたのである。法蔵菩薩は、苦しみ悩むすべてのものを捨てず、回向を首として大慈悲の心をもって成就なさったのであるから、その功徳をお与えくださるのである。

浄土に生れおわって、そのまま速やかに奢摩他、毘婆舎那《びばしゃな》、方便の力を成就しおわって、生死の園、煩悩に満ちた迷いの世界に還ってきて、さまざまなすがたを現し、神通力をそなえ、思いのままに教え導く位に至り、衆生を救うはたらきを与えられるのである。

これを出の第五門という。園林遊戯地門《おんりんゆげじもん》に入るのである。

この本願力の回向を以て、利他の行を成就なさったと知るがよい。

無礙光仏は因位のときに、このような弘誓《ぐぜい》いをおこし、この本願をおたてになった。

法蔵菩薩はすでに智慧心を成就し、方便心・無障心を成就し、妙楽勝真心を成就して、速やかにこの上ないさとりを得られた。

自利と利他の功徳を成就すること、これを入出の門と名づけんと、天親菩薩はおっしゃった。

曇鸞和尚は、世親菩薩造の「浄土論」を注釈なすった。

本願力成就を、五念門《ごねんもん》と名づく。仏よりいわば、利他なるも衆生より言わば、他利というのがよい。

よく知るがよい。いまは仏力談ずれば、如実に行にふさわしいのは、阿弥陀仏の名号、称名念仏と、その光明に随順し疑いなく信じることである。

この信心を一心と名づく。煩悩にまみれし凡夫の身、煩悩を断ち切らないまま、涅槃を得る身となる。すなわちこれは安楽浄土の自然の徳なのである。

蓮の花は『維摩経《ゆいまきょう》』に高原、陸地に咲かずして、湿地の泥沼に蓮の花を生ず、と説かれている。これは、凡夫が煩悩の泥田の中にあって、仏の正覚さとりの華の咲くことにたとえたのである。これは阿弥陀仏の本弘誓願の不可思議な力を示している。すなわち入出の二門を他力と名づくと、曇鸞和尚はおっしゃったのである。

道綽禅師は、浄土に住し、浄土の教えを解釈していうには、『大集経』に、「末法の時代に、仏道修行に励んだすべての人は、いまだ一人としてさとりを得る者はいない、」と説く。

ここに在って心を起して修行する人があれば、聖道門、自力と名づくべきである。

今は末法世であり、五濁の世である。ただ浄土に向かう道により救いの道はない。

今の世の人々のつくる罪業は、まるで暴風や豪雨のようである。

名号を称えさせようとの本弘誓願、弥陀の本願のお誓いは、濁りと悪に満ち穢土《えど》の世の人を救うのである。

このようなわけで、諸仏も阿弥陀仏の浄土をお勧めになった。たとえ一生悪をつくる者でも、淳心、一心、相続心の三信を得たなら、それは一心である。この心は純朴な心であり、如実と名づく。

もし、浄土に生れないということがあるならば、この道理はないであろう。必ず安楽国土に往生し生死を度脱した大涅槃を得て、仏のさとりを開くことができる。すなわち、これぞ易行道であり、他力と名づくと、道綽禅師はいわれた。

善導禅師は、光明寺に住し、念仏の教えの心を解釈しておっしゃる。念仏を称え、仏のさとりを開く、これこそが真実の教え、真宗である。

即ち、これを本願一乗海《ほんがんいちじょうかい》といい、また菩薩蔵と名づく。

この本願一乗は最も完全な教えであり、もっとも早くにさとりへ至る頓教《とんぎょう》の教えなのである。

真実の教えにはなかなか遇いがたく、信を得ることも難しい。難中の難、これ以上に難しいことはない。

釈尊と諸仏は、まことの慈悲の父母である。さまざまな手だてによって、われらにこの上ない真実の信をおこさしむ。

煩悩具足の凡夫、人が、仏の本願力によって摂取を得、収められる。

この人は愚かな凡夫にあらずして、人中の希有華、希有人である。

この信心は、もっともすぐれて最勝にして、希有な人であり、上上人である。

安楽浄土に到れば、自然におのずから、ただちに法性《ほっしょう》の常楽《じょうらく》を証すと、善導大師はおっしゃられた。

建長八年丙辰三月二十三日これを写す

第三章　浄土往生の道

（一）親鸞の生死いずべき道

死への存在ということ

人間だけが老いを自己の老いとして反省し、人間の根本にあるものとして予見し把えることができる。

人間だけが病を病としてその問題性を把えることができる。

人間だけが死すべき存在であって「死すべき存在」として死の問題をうけとめることができる存在である。

一人称の死を死としてうけとめることができるのは人間だけであって、人の本質「死への存在」Sein zum Tode 人は、死すべきもので死の問題をうけとめることができる存在であると、実在哲学者ハイデッカーは語る。

そのこと、問題の所在把握において、死の問題解決の方法があると考える。即ち、それは人間にとって根本的な問題、課題であろう。

人生に対する問いはわれらが、自分の死という問題に厳粛に取り組んだ時、不可抗的にわれらの存在の底から湧き起ってくるものがあろう。

この問題を問題としない限り、われらは自分の根本問題を忘れている状態であり、主体的な生死無常の問題を他人の死と見るのは正しいとは言えない。

親鸞は四歳で父を、七歳で母を亡くし、幼くして人生の無常を体験として感じたのに違いない。

人生の無常を感じて生死を出でんと菩提心を発し、本当のわれらの生き方、道を初めてそこに見出す。

解脱や救済への求めであり、いわゆる発菩提心である。それを超克する為、生死を出る道を求めた。

「明日ありと思う心の仇桜、夜半に嵐の吹かぬものかは」という出家時の初発心・発願心は、そのことを思わしめる。親鸞聖人は九歳の春、慈円のもと青蓮院で出家し範宴と名のっている。

浄土という言葉であらわされている往相と還相、真実報土の浄土は、死すべき存在である限り、われらにとってなければならぬものであろう。

阿弥陀如来が必要であろう。

往生には、不体失往生と体失往生がある。


念仏往生の道、浄土に生まれる如来救済の信仰の論理は、浄土から私たちへの本願の招《しょう》喚《かん》がまず働いて、それに応じて浄土への欣求の念が起こる。信仰は、浄土からの本願力による主体的な覚醒、目覚めであり、浄土門は、生死いずべき道、五念門を諭す。

五念門は、極楽に往生するための五つの修行道で、世親の『浄土論』に初めて説かれた。礼拝門、讃嘆門、作願門、観察門、回向門の五つである。

四歳で父を、七歳で母と死別し、人生の無常観を心に、親鸞聖人は九歳で出家、二十九歳までの二十年間、比叡山において現在生の「生死いずべき道」その問題解決の叡智を求め苦悩した。結果、親鸞は、未解決のまま山をおりることになった。死と生を超越して生死をも一貫して変わらない「本願まことの道」、未来の死後も生前も一貫して変わらぬまこと「仏の本願」、「仏の智慧」、「仏智」によって開かれる凡愚のわれらを助けて下さる死を恐れぬ、生に悩まない信心の智慧、阿弥陀仏の本願の実りを探索した。問題の所在は、娑婆の終り、生をこえ、死をこえて変わらない永遠のふるさと、本願成就道の探究であったと思われる。

若き青年僧親鸞は、生死いづべき道をただひとすじに、来る日も来る日もその解決の道を求めて、一日も欠かさず雨の日も風の日も、聞法求道の吉水通いを百カ日間続けた。人生の一大事の問題解決の智慧を真摯な求道心をもって、善き師法然に求めたのである。

法然の説く念仏の教えは、老若男女、貴賤上下、善人悪人、窮乏の者も差別なく弥陀の前では皆平等であり、諸人、誰もが、救いにあずかると説く大乗仏教であった。

法然との出会いは、よきひとのおほせによって弥陀の救済に浴した啐啄《そったく》同《どう》時《じ》の歓喜の出会いであった。親鸞は、人生の問題解決の扉を開く鍵概念が、念仏にあることに気づく。

一つは聞くという大切な聞思の姿勢であった。私たちは日頃我見に執し、自己主張に終始しがちである。

蝸牛《かたつむり》のように自分の器の殻の中で暮らして、聞く耳をもたない凡愚の我らである。「如是我聞《にょぜがもん》（私はこのようにお聞きしました）」という如是の姿勢をもたない。「なる程、そうだ」という如是に、仏教信仰の真髄、信心覚醒があるのだと気づく。聞く耳をもたないと当然、仏教の叡智は聞こえてこない。救済の道は見えず、無明（無知）の暗闇のままの人生行路を進むことになる。

聞此経者（お経を聞く）聞其名号《もんごみょうごう》（念仏の名号を聞く）。阿弥陀の御本願、教えを聞いてそのいわれを聞思すること、聞成就が得られ大切な智慧に覚醒するであろう。

もう一つの大切な叡智は、人生には「よき師に恵りあう」という出会い、大切な恩師との啐啄同時《そったくどうじ》の瞬間があるということである。

ひよこが親の嘴《くちばし》の卵のつつきを頼りに、殻から誕生するように、よき師の指方立相に、先人の叡智、自らの生き方を学び、身につける。

「遠く宿縁を喜ぶべきなり」と仏法の御縁を頂いて、永いお育てによって機熟し、今日の慶びがあることを悟ると親鸞は語る。

如来のお助けの御恩、その御恩を忘れがちであるが、忘恩の人生行路ではなく、お世話になった人々への報恩謝徳の心、憶念、追慕の思いによる知恩報恩の法要、大切な仏事の心も覚醒につながるであろう。

出離生死の道を求める私共は、いつも呼びかけられている、阿弥陀仏が世の人々に向って「浄土にやって来い」と招き呼ばれている。本願招喚《ほんがんしょうかん》の勅命《ちょくめい》である。

本願成就の原理を諭される。親の遺言、南無阿弥陀仏。法然上人は、偏依善導、善導和尚の「一心に専ら弥陀の名号を念じて行住座臥に時節の久遠を問わず念仏にて捨てざるを是を正定の業と名づく、彼の仏願に順ずるが故に」このお言葉によって易行念仏の大道を覚醒する機縁に恵りあった。廻向頂いたよき師、善導の御導きに恵りあった。

一願建立、第十八願念仏往生の願い、四十八願を全うして第十八願、一願建立に帰結せされ、浄土門、凡夫の実践実行の道を明らかにし、安楽浄土門　不退転位門を示された。

世親菩薩は『浄土論』五念門にて近門《ごんもん》ということを語る。

浄土は、理法として存在するものであり、永遠の世界である。

無量光明土、光明あふれた世界であり、死後の問題ではない、生死を超えて存在する世界である。無常なる自己が、浄土いう永遠なるものにいかに目覚めるか。浄土教徒の課題でもあろう。指方立相の浄土、西方の浄土が説かれる。

親鸞聖人の浄土観は、浄土は死んでから生まれる理想国家というようなものでない。浄土信仰は死後の問題ではなく、親鸞は、死後に浄土があるとは言っていない。それ以上に現実を重視し、現世における悟り、不退転位を説いている。即ち平生業成であり、現世において浄土往生をとげること「現生不退転位」を宗教的テーマとしている。

(二) よき師に恵りあう　生きる意味の発見

親鸞が、法然に遭遇し、回心の体験を得たのは二十九歳の時であった。

師、法然上人に恵りあったその際、師が親鸞に与えた言葉はどのようなものであったか。

親鸞にとってその後六十五年の信仰の生涯を決定した廻心、信楽の論理である。

親鸞は、天台の教えと念仏とが一体となった叡山の伝統の中で、九歳の少年時代から青年に成長し、二九歳迄の長い間、ひたすら解脱の為の努力を重ねた。

横川で源信の天台教学の研究に傾注する日々もあったであろう。

親鸞の精神的苦悩は一体何であったか。人生の根本問題の所在の探究であった。

人生哲学の最大の思索は何か。それはわれらの「生死いずべき道」智慧の探究にあった。

二十九歳の親鸞は、百カ日、自分の救済、われらの救いを求めて京都の六角堂に籠って一心に祈った。

九五日目の暁に、聖徳太子の御示現にあずかって、それで法然をたずねる。

百カ日間、法然のもとに聴聞に出かけ、その教えを受け給り定めた。聞思こそ仏教の真髄を理解する唯一の道に違いない。

法然の説いた救済道は「生死いずべき道」の仏智であり、それは啐啄同時《そつたくどうじ》の瞬間でもあった。

よき師の仰せをこうむりて、指方立相、念仏者として生きる生活に変わった。

廻志向道、廻心であった。

親鸞は、自分自身は建仁元年（一二〇一年）に「雑行を捨てて本願に帰した」と『教行信証』に書いている。

本願との遭遇、正覚道の発見、永遠の人生の目覚めである。

二十九歳の時、決定的な瞬間に導かれたと記している。それは人生にたゞ一度ある、と。

わが師との遭遇が、親鸞にとって決定的な廻心をもたらした。法然はその時、六九歳であった。

阿弥陀仏の本願は、念仏する者を救済する、というのが選択本願の教えであった。

法然門下の親鸞は、三十三歳の時『選択本願念仏集』を写しとることを師法然から許された。

法然の肖像画もかかせてもらい、法然の念仏の心を受けつぐ。カメラも印刷技術もない時代である。魂と魂のふれあいの書、大切な『選択本願念仏集』を筆で一字一句写しとった。

生死度脱の叡智、正覚、本願の発見に遭遇したのである。

本願に帰す『教行信証』の終り「真仏土巻」に記している。

親鸞の感激を込めた記述である。

「ひそかにおもんみれば、聖道の諸教は行証久しく廃れ、浄土の真宗は証道いま盛んなり。しかるに諸寺の釈門、教に昏くして真仮の門戸を知らず、洛都の儒林、行に迷ひて邪《じゃ》正《しょう》の道路を弁ずることなし。

ここをもつて興福寺の学徒、太上《だじょう》天皇（後鳥羽院と号す。諱尊成）今上（土御門院と号す。諱為仁）聖暦、承元丁卯《じょうげんひのとう》の歳、仲春上旬の候に奏達《そうたつ》す。主上臣下、法に背き義に違し、忿りを成し怨みを結ぶ。これによりて、真宗興隆の大祖、源空法師ならびに門徒数《すう》輩《はい》、罪科を考へず、猥りがはしく死罪につみす。あるいは僧儀を改めて姓名《しょうみょう》を賜うて遠流《おんる》に処す。予はその一つなり。

しかればすでに僧にあらず俗にあらず。このゆゑに禿《とく》の字をもつて姓《しょう》とす。空師（源空）ならびに弟子等、諸方の辺州につみして五年の居諸を経たりき。皇帝（佐渡院、諱守成）聖代、建暦辛未《けんりゃくかのとひつじ》の歳、子月の中旬第七日に、勅免を蒙りて入洛して以後、空（源空）、洛陽の東山の西の麓、鳥部野の北の辺、大谷に居たまひき。同じき二年壬申《みずのえさる》、寅月下旬第五日、午《むま》時に入滅したまふ。奇瑞称計《きずいしょうけい》すべからず。別伝に見えたり。

しかるに愚禿釈《ぐとくしゃく》の鸞、建仁辛《かのと》酉の暦、雑行を棄てて本願に帰す。元久乙《きのえ》丑の歳、恩恕を蒙りて『選択』を書しき。同じき年の初夏中旬第四日に、「選択本願念仏集」の内題の字、ならびに「南無阿弥陀仏　往生之業　念仏為本《ねんぶついほん》」と「釈綽空」の字と、空の真筆をもつて、これを書かしめたまひき。

同じき日、空の真影申し預かりて、図画したてまつる。

同じき二年閏《うるう》七月下旬第九日、真影の銘は、真筆をもつて「南無阿弥陀仏」と「若我成仏十方衆生称我名号下至十声若不生者不取正覚　彼仏今現在成仏　当知本誓重願不虚、衆生称念必得往生」（往生礼讃　七一一）の真文とを書かしめたまふ。

また夢の告げによりて、綽空の字を改めて、同じき日、御筆をもつて名の字を書かしめたまひをはんぬ。本師聖人（源空）今年は七旬三の御歳なり。

『選択本願念仏集』は、禅定博陸［月輪殿兼実、法名円照］の教命によりて撰集せしめるところなり。

真宗の簡要、念仏の奥義、これに摂在せり。見るもの諭り易し。まことにこれ希有最勝《けうさいしょう》の華文、無上甚深の宝典なり。年を渉り日を渉りて、その教誨を蒙るの人、千万なりといへども、親といひ疎といひ、この見写を獲るの徒、はなはだもつて難し。

しかるにすでに製作を書写し、真影を図画せり。これ専念正業の徳なり、これ決定往生の徴なり。

よりて悲喜の涙を抑へて由来の縁を註す。

慶ばしいかな、心を弘誓の仏地に樹て、念を難思の法海に流す。深く如来の矜哀を知りて、まことに師教の恩厚を仰ぐ。慶喜いよいよ至り、至孝いよいよ重し。これによりて、真宗の詮を鈔し、浄土の要を摭《ひろ》ふ。ただ仏恩の深きことを念うて、人倫の嘲《あざけ》りを恥ぢず。もしこの書を見聞せんもの、信順を因とし、疑謗を縁として、信楽を願力に彰し、妙果を安養に顕さんと。」（『教行信証』真仏土巻）

和文

ひそかに考えるに、聖道自力の教えは行も証も久しくすたれて、真実には行証が成就していない。これに対して浄土の真正な教えはこれを信じ、その行証の自覚に生きている人が現在数多くいる。それにもかかわらず、伝統的な仏教の諸派の僧侶たちは、教えのもつ歴史的な変遷ということ、真実浄土と方便浄土の違いということを知らず、また洛都の儒者たちも、行為の宗教的本質をきわめず、現実の場で何が正か邪悪かの区別がつかなかった。そこで興福寺の学徒が念仏の弾圧を太上天皇（後鳥羽院と号したてまつった、そのいみなは尊成）と今上天皇（土御門院と号したてまつた、そのいみなは為仁）とに承元元年丁卯の年の二月上旬に奏上したとき、主上も臣下も法に背き義にたがい、怒を成じ怨を結んで真宗興隆の大祖源空法師とその門徒数人を、よく罪科を考えないで勝手に死罪にしたり、僧の姿を改め還俗させて姓名を与えて遠流に処した。私もその一人である。それであるからその後は自分は僧でもないし、俗（人）でもない。だから、自ら愚禿と名のって、禿の字を私の姓とするのである。

源空聖人とその弟子たちは、こうして諸所の辺地に流されて五年の歳月がたった。建暦元年辛未の年の十一月十七日に勅免を得て、源空聖人は再び京都に帰られ、洛陽東山の西の麓、鳥辺野の北辺、大谷というところにおられたが、同二年壬申正月二十五日午時《うまのとき》に入滅された。御入滅のときいろいろ奇瑞があった。このことは別伝にしるされている。

私についていえば、自分は建仁元年辛酉の歳に雑行を棄てて本願に帰した。そして元久二年乙丑の歳にお許しを得て、法然上人の『選択本願念仏集』を写させてもらった。同年の夏四月十四日に師法然聖人は私の書写したものに「選択本願念仏集」の内題の字と、「南無阿弥陀仏、往生之業は念仏をもって本となす」の文とそれから私の名、釈綽空とを御自筆で書いてくださった。当時私はまたわが師の肖像をお借りしてこれを図画したてまつることができた。それができあがると、同二年閏七月二十九日にこの真影に真筆で銘を書いてくださった。それは南無阿弥陀仏の六文字と「若我成仏十方衆生・・・衆生称念必得往生」という善導の文であった。そのころ私に夢の告げがあったので、それによって綽空を改めて、（善信）と書いていただいた。それは法然聖人が、七十三歳の御歳のことである。

『選択本願念仏集』は月輪兼実公の教命で製作せられたもので、浄土の真の教えの簡要の点と念仏の奥義とせられるものは皆この書のうちにある。しかもこれを読む者にさとりやすく、この書はまことに希有最勝の傑れた文章であり、無上甚深の宝典である。しかし長い間聖人の教化をうけていた人々でも、その数は多くあったが、聖人と親しい人でもそうでない人でも、『選択集』の見写を許していただいた人は本当にすくない。私はこの『選択集』という聖人の御製作を書写し、御肖像を図画することができた。これもひたすらに念仏に生き、ゆるぎない信において決定往生の人となったからである。それで悲喜の涙をおさえつつ、このことをしるす次第である。

慶しいかな、本願弘誓の地に、私の心は根付いている若樹である。不可思議な法の海の功徳の流れのうちに、私の念仏の相続はすでに融入している。如来のあわれみの深いことがわかるにつれて、まことにわが師、法然聖人の御教えの御恩の厚いことを仰ぎみる。喜びが深まるにつれて、感恩の心もいよいよ深い。そこで私なりに浄土の真の教えの簡要をひろいあつめてこの書を作った。私が思うのは仏恩の深いことだけであって、このような本がいかなる世の批判をうけるかはさらに気にしていない。もしこの書をよむ人が、この書を信順するにせよ、この書を疑い誹謗するにせよ、それが因縁となって本願他力を信仰するようになるならば、その結果うるわしい往生をとげて浄土で証果を得られることになるならば、それこそが私の願いである。

㈢　浄土往生の道　三願転入の告白

浄土はどのように、如何に往くのであろうか。親鸞にあっては、信仰の論理、三願転入の告白が語られる。

人間が浄土に願生し、浄土に至る入信過程の告白である。それがいわゆるよく知られる三願転入の論理、哲学である。

浄土は何がゆえに、どのようにして建立されたか。超世の悲願、如来の本願は、苦悩の衆生を救済せんとする弥陀因位の願心が浄土を建立した。

「如来の作願をたづぬれば
苦悩の有情をすてずして
回向を首としたまひて
大悲心をば成就せり」
親鸞

その浄土へどのようにしたら往けるのであろうか。いわゆる浄土往生の道である。浄土はどこまでも現実・現在のわれらのこの世界を超越している。浄土の超越性が、彼岸の世界としての浄土の在り方である。

浄土へ往生するということはいかなることであろうか。煩悩をもっているから判断を誤るわれらである。

浄土へ往生すれば、煩悩具足の凡夫のわれらが「不断煩悩得涅槃」煩悩を断ぜずして涅槃を得る。

浄土に往生すれば、自然に正覚を成ずる。

浄土と現実の問題である。では、どのようにしていくのであろうか。

浄土に至る入信の過程、三願転入の論理を示した。

菩薩が立てる三種の願がある。

一　正しい教えを知る、智慧を得たいと願い

二　その教えを世の人に説くと共に

三　それを護りたいと願う

阿弥陀仏の十八願から、とくに往生が仏の本願力によることを明らかにした願いを選び出し、第十八願、第十九願、第二十願の三願に段階を設け、第十九願より第二十願、第十八願へと進むとし、三願転入の論理を語る。

親鸞は、宗教的精神の遍歴を三願転入という形であらわした。救済の仕方、往生法であ

る。

浄土の本願、即ち、人間を救済することを弥陀が誓った四十八願のうち第十九願、第二十願、第十八願の三願が誓われている。

救済の方法を示している。信仰の構造、信仰の質の問題でもある。

第十九願の宗教的精神で明らかにしたものは、比叡山時代に体験した観想と倫理を中心とした思念、自力主義、理想主義の宗教的精神の立場であった。倫理的理想主義、来迎思想、観想的唯美主義の第十九願から第二十願への転入として把えた宗教的自覚の深まりは、第二十願の宗教的決断の反復を通して自力と他力との葛藤を通して、仏の名号に遭遇しての自覚の深化により、第十八願の世界、真実の宗教的在り方を開き顕す。

私は大学院修士論文で第十九願から第二十願へそして、第二十願から第十八願への三願転入の信仰の深まりを実存主義者キルケゴールの（一）美的観想的倫理的段階。（二）内在的宗教の段階。（三）超越的宗教に比較して人間存在論、哲学私観を論じたことがある。

第十九願は道徳である。宗教的仮門、修行功徳、凡夫自力の行である。

第十九願は「たとひわれ仏を得たらんに、十方の衆生、菩提心を発し、もろもろの功徳を修して、至心発願してわが国に生ぜんと欲せん。命終るときに臨んで、たとひ大衆と囲繞してその人の前に現ぜずは、正覚を取らじ」という仏の誓願である。

若し私（阿弥陀仏）が仏になったとき、あらゆる衆生が菩提心をおこし、もろもろの功徳（定散二善）を修して私の浄土に願生したいと思うとすると、その人の寿命が終わるとき、私が多くの菩薩とともに、その人の周辺をめぐり、その人の前にあらわれて、彼を来迎しなければ、自分は仏にならない。

「もろもろの功徳を修する」というのは、親鸞によれば『観無量寿経』にとかれているような観想（定善）と倫理（散善）で、それを行うことによって命の終りに仏の来迎にあずかろうとする宗教者の心に、この第十九願は相応している。来迎思想がここに指摘されている。

親鸞は、第十九願の自力を捨て、第二十願に転入し、信の一念に向う。第二十願は、浄土他力教として只名号を唱えればよいという。廻向のはたらきであるが、自力の要因が残っている。純粋な他力ではない。植諸徳本である。

第二十願の「たとひわれ仏を得たらんに、十方の衆生、わが名号を聞きて、念をわが国に係け、もろもろの徳本を植ゑて、至心回向してわが国に生ぜんと欲せん。果遂せずは、正覚を取らじ」

私が仏となったとき、あらゆる衆生が私の名号を聞き、私の国に思いをかけて、至高善である私の名号をとなえ心を至して、その名号の功徳を廻向して私の国に生まれたいと思うとする。もしその人が望みを果遂する（はたしとげる）のでなけば、私は正覺をとらない。

宗教的決断としての名号との遭遇である。彼岸から将来する汝の声を聞いた心のよろこびである。

本願の嘉号をもっておのれが善根とする、という汝との遭遇の錯倒した仕方となって、自己が自己を把える（自力の念仏）である。ここでの果遂することは、浄土に往生することであるが、親鸞は、それは第十八願に転入して初めてできることであるから、果遂するのは、第二十願が必ず第十八願にひるがえすこととする。

第十九願、第二十願の至心発願の欲生や至心廻向の廻向は、凡夫自力の心であり、第十九願、第二十願では到底往生ができない。

親鸞は、第二十願から第十八願、選択の願海如来の本願力に廻入する。「たとひわれ仏を得たらんに、十方の衆生、至心信楽して、わが国に生ぜんと欲ひて、乃至十念せん。もし生ぜずは、正覚を取らじ。ただ五逆と誹謗正法とをば除く」

私が仏になったとき、もしあらゆる衆生が純粋な信（至心、信楽、欲生の三心）をもって、念仏を称してわが国に生まれたいと欲するとする。もしその人が私の浄土に生まれなければ私は正覺をとらない。ただ五逆罪のものと、正法を謗るものは除かれる。それらの人も懺悔して後には生まれることができる。

第十八願の根本本願である。

絶対他力、如来の本願力、真実信楽の他力信仰に転入する。

浄土往生についての基本的な本願である

何人も弥陀の浄土へ生まれようとするならば、至心信楽欲生の心を起こして念仏しなければならない。浄土往生の基礎条件で念仏する者は、皆浄土往生の有資格者である。

第十八願の念仏往生の人には臨終来迎の必要はない。すでに如来の光明に摂取されている。現生不退位の益を得る。如来真実の報土に往生する。如来の智慧により眼を開き、ただ念仏一つ、弥陀一仏の第十八願に入らねばならぬ。如来の願いはただ一つ、念仏往生にあるのみであるという。

（四）親鸞の念仏往生論

なぜか真実の浄土は「往きやすくして人なし（『大無量寿経』）」といわれる。源信（九四二～一〇一七）の『往生要集』（九八五年）の諸行往生思想は、即ち、造寺、造仏、布施等の仏教的善行、道徳等の善行を心の糧として往生を助けようという往生思想であった。

往生の行は、念仏一行こそ最勝の行である。

法然の『選択本願念仏集』（一一九八年）の理論は、念仏一行論であった。どうしたら弥陀の浄土に往生することができるのであろうか、その実践的方法が浄土教思想の根本問題としてあった。

弥陀の浄土に往生する為の行論である。法然は、念仏一行論を説いた。弥陀の浄土に往生する為には善行にはげみ、その修めた善行を功徳として弥陀の浄土の方向に廻《めぐ》らし向けて、その目的を達しようとする考え方が即ち、廻向論である。

親鸞の信仰論は、人間から仏への廻向論ではなく、仏から人間への如来廻向の本願力廻向として『教行信証』には著述されている。

自力作善の人と、他力をたのむ心の人の信仰論は異なる。

弥陀の本願力による往生論、つまり、如来よりたまわりたる信心、弥陀の誓願を信受することと『愚禿鈔《ぐとくしょう》』は明示している。

源信後の浄土教は、終末的仏教史観、即ち、もはや釈迦の遺法は衰滅へと向い、教えに即した正しい修行も、それによるさとり証果も得られない時代が始まった、と末法の時代観に揺れ流れていく。

そして中世浄土教は、臨終来迎重視と諸行往生への特色となって顕れる。

「往生の行には念仏を本となす」

「念仏を本となす」その時を、平生の日に行う合掌念仏と臨終の床にある人に念仏を勧める暖かい心づかいとに分けて扱った。

人生には終焉があるが、死の時、臨終正念に終わることによって往生をその手に掴み取ろうとするが、念仏以外に往生の道があるとすれば、極楽浄土への道は遠ざかるであろう。

法然が登場し、専修念仏往生論が示された。

善導（六一三年～六八一年）の『観経疏』によって末法の時機に相応した念仏の在り方を見出し「偏依善導一師」の姿勢を法然は打ち出した。己が能を思量して見て、どんな能力資質が劣っている愚かな人も、仏の救いを信じてその本願の念仏をまごころから称えるならば、善人も悪人も貧富貴賤老若男女といった差別はない。仏が与えた本願念仏を称えればよい。

「上尽《じょうじん》一形《いちぎょう》下至《げし》一念《いちねん》」と善導の解釈を、多きは一生涯、少なきは一声の念仏と、たとえ一遍しか念仏を称えないで終わったとしても、その一声の念仏によって往生が可能であると、法然は、念仏往生論を説いた。

上は摂政関白より下は田夫や卑賎な遊女のたぐい迄、その教えのもとに人々は集まった。

法然の門で本願に帰することができた親鸞であったが、人々がつたない、巧みでない愚かな自力の万全をもって浄土に往生しようと、賢善精進、虚仮不実の心の作善を行っても、それによって真実の報土への往生は不可能である。仮の浄土に生まれるだけである。

信心歓喜乃至一念、その称名念仏は、仏の本願招喚の勅命によって称えられる。他力に、催おされ、促されて往生が決定する。廻向論である。

親鸞は、正定聚の位と呼び、真実の信心が得られた時剋の極促《ごくそく》をもって往生と呼んだ。来世の往生来迎思想はそのままにし、従来の浄土教に見られなかった現生における正定聚に住すという往生思想を特色づけた。

信心を獲得したその時に、現生にて、正定聚に住すという「現生正定聚位」を明らかにしたのである。

正定聚は、この娑婆の現実において獲得されるもの。獲得のその時、廻心という一大転換が為され、今までの私は死に、即ち往生を得て新しい私に生まれ変わる。

廻心前の現実と廻心後の現実は、全く異なっており、現実において仏となるべく決まった正定聚位をうると、現生正定聚不退位の構想を明らかにしたのであった。

親鸞の名前の二文字は浄土教の列祖として七人の高僧、世親の親と曇鸞の鸞にもとづく。親鸞は曇鸞の『浄土論註』によって浄土がいかなるものであり、浄土とはどういうことなのか熱心に探究した。『教行信証』の「証巻」「真仏土巻」は曇鸞の論註によって構想せられ、多くの引用によって論証されている。世親共々、本師曇鸞を『正信偈』では敬仰している。

阿弥陀仏というのは「無量の寿命を所有した覚者」という意味である。

阿弥陀仏の報土は、本願成就の世界である。

本願を信じ、因果を信じ、仏意にかない、往生を遂ぐべき者であり、絶対帰依を棒ぐ信仰の依り処、心の糧であろう。

阿弥陀一仏の発見であり、信仰の対家は、唯阿弥陀一仏であり、阿弥陀一仏への帰依である。

阿弥陀仏の本願帰依のみが、凡夫解脱の唯一道である。深い因縁が結ばれていることを発見することで、大乗仏教徒としての心得により、一切衆生の苦悩を除いて真の解脱を得しめようと利他の願望に重きが置かれる。

衆生救済の本願にあらざるものはない。

仏大慈悲の結晶、救済の慈念のあること、根本の本願のあることを発見されたのが浄土の祖師であった。

釈尊の説かれた如く人生は苦であり、其の原因は煩悩である。

いかにしてこの煩悩を断じて解脱しうるか。

大慈悲を体とし、その悩みを救いたもう道がなければならぬ、と、阿弥陀仏こそ未来、凡夫解脱の為の慈念をおこしたもう事を発見した。

四十八願は、皆本願であるが、念仏をもって往生の規範となす。

第十八願をもって本願中の王であるとし、この本願を王本願と称している。

念仏往生の願と第十八願が衆生往生の唯一道であり、弥陀一仏を発見し、阿弥陀仏の大慈悲を味わって、仏帰依の純正なる信仰を確立する。

全身の心を捧げて帰依すべき仏は、唯、阿弥陀一仏である。

弥陀一仏の救いを仰ぐことが即ち諸仏の凡夫救済、慈悲の帰結であり、弥陀仏の本願を体験せられ、凡夫救済の法を示された釈尊の人の世出現の目的、本懐を知ることになる。

阿弥陀仏は、唯臨終の時のみ願うべき仏と考えぬことである。そこには広大な天地に恵まれたわれらを発見し、日常生活が敬順と歓喜と報恩とに満たされ、実存的な念仏生活が営まれる。信念を進めて現生で常にこのことを味わねばならぬ。念仏者としてその純化に努めねばならぬと諭す。

阿弥陀仏の本願は救う手をのべて、本願力によって引き上げようとするが、救われざる者もいる。

救われざる者

本願を疑い、誹謗中傷等をして救われざる存在者がいる。

第十八願に救うべき衆生の資格を「十方衆生」と示すが、五逆と正法を謗るものは除かるべきであると説示している。

自ら本願に背を向けている間は、救われないという意味である。

下劣の凡夫でそのままでは、永久に解脱し得ぬ信外軽毛《しんがいけいもう》の凡夫もいる。

一生造悪の五濁悪世の凡夫も大勢いるが、この一生造悪の行者もわずか一声の称仏、念仏によって救われる。

阿弥陀仏の本願不思議に依って、容易に成仏の芽を生じる本願の不可思議の力がある。

何の教えからも捨てられた者が、浄土の法門に依って救われる。

救われざる、浮かばれぬ末世の世の凡夫が「大無量寿経」浄土三部経による救いの手に恵りあう。

往生人の根本資格

往生人の根本資格は、浄土仏教を心の依りどころ、心の糧にする人たちで、その決断の信仰心、帰依の心にあろう。

『浄土論』の「願生偈」の最初に現される親鸞が一心華文《けもん》と特筆する劈頭《へきとう》の言葉そのものであろう。

「世尊よ、私は一心に尽十方無礙光如来に帰命したてまつり、安楽国に生ぜんと願う」

世親（天親）菩薩の自督《とく》、自覚の内容、一心帰命を示す言葉である。

龍樹の「十仏章」から世親の「願生偈」。曇鸞の『論註』。親鸞の晩年の思索に及ぶまでの礼拝、讃嘆、作願の三念門が封じ入れ込まれ、我一心に貫かれているであろう。われらの一心帰命を考えると、『願生偈』の与仏教相応（仏教と相応する）は、如実修行相応（如実に修行して相応する）と語られているであろう。

『論註』は、三信（淳心、一心、相続心）『観無量寿経』の三心「至誠心、深心、回向発願心」に及び、第十八願、至心、信楽、欲生に思索が進められる。

（五）往生浄土を願う　宗教的実践行

浄土往生を願う宗教的実践行為、浄土の行がある。よく知られる定散二善《じょうさんにぜん》であるが、実践の意志その行為の相違が指摘される。

（一）定善の機

一般仏教の実践法であるが、止観の方法により妄念、雑念を止めて、精神を統一し、観想を凝らす者、静かな瞑想により心の安定、心の安らぎを得ようとする行者、実践者である。結跏趺坐《けっかふざ》し、身を整えて、我が身はすべて空なりと観じ一切の乱想を除く。『観経』に続く十三観を修する人である。

（二）散善の機

禅定を修することはできないが、日常生活において悪をやめ、善を修する宗教的行為を行う者である。

父母に孝養し、師長に奉事する。世間道徳、平等の心のままで行う善事である。

仏像を造り、経典を読み、仏名を称する等、浄土の散善行と名づけられる。定散二善共々、浄土に生まれる為の善事であるが、自力であり、念仏に劣るという。『観経』十六観のうちのあとの三観をいう。

二　信行の純雑　正雑二機

（一）正行は純一を意味し、その行為する目的も意志も阿弥陀仏にある行為をいう。正しい行い、純正なる目的も、意志も、行いもすべてが阿弥陀仏に限定され、純なるの意味である。

（二）雑行の機

阿弥陀仏の浄土に生まれたいと願いながら、阿弥陀仏以外の諸仏の救済を仰ぎ、礼拝したり、その名を唱え、讃嘆する行をいう。

三学、六度など様々な善行をおさめる。念仏以外のもろもろの実践法、念仏以外の一切の仏道修行、雑修を行うのが、雑行である。

行法が、多面的であり、結果を得るのに困難を伴う。

正雑二行のことを専修、雑修とも言う。

礼拝は身を屈し、心をいたして崇敬することを言うが、この礼拝も略式も含め三種あるとされる。

一　五体投地の礼拝。上品の礼拝。

二　長跪《ちょうき》合掌して礼拝する。中品の礼拝。

三　座したまま礼拝する。下品の礼拝

礼拝も、阿弥陀仏中心の礼拝は正行と言われ、それが雑多である時は、雑行と称せられる。

称名、仏の名号を称える時、それが阿弥陀仏の名号であれば正行、他佛、他菩薩のそれであれば雑行と称せられる。

讃嘆供養に事供養と理供養がある。前者は香、花、灯明等を捧げ、後者は仏の教えに随順して真理を思念し、善根を修する。

阿弥陀仏に対しの讃嘆供養であれば正行であり、その他の讃嘆供養であれば雑行と称せられる。

主体となる行は即ち、浄土三部経による行であり、阿弥陀仏に対する行為を正行、その他を雑行という。

正行に、

（一）読誦正行《どくじゅしょうぎょう》　一心に専ら、『観無量寿経』『阿弥陀経』『無量寿経』など浄土の所依《しょえ》の経典を読むこと。

（二）観察正行　一心に専ら、浄土の阿弥陀仏やその浄土の立派なありさまに心をそそいでそれを観察し、思い描く。

（三）礼拝正行　一心に阿弥陀仏を礼拝すること。

（四）称名正行　一心に専ら南無阿弥陀仏と阿弥陀仏の名号を称えること。

（五）讃嘆供養《さんだんくよう》正行　一心に専ら阿弥陀仏を讃嘆し、阿弥陀仏供養をすることの五種類がある。

三　助正二業

助業《じょうごう》と正定業《しょうじょうごう》である。

正とは、絶対価値の主体を意味をする。

定とは、宗教行法の中から凡夫得脱の最勝第一の行を選定し、本願となしたという意味である。

助とは、持戒、智慧、道心、慈悲である。

助行といわれる行目はなんであるか。

五種正行の称名正行を除いた前の三と後の一を助行という。

正定業によって価値が生ずるのであるが、念仏の助となる三経を読誦すれば、念仏の功徳が味わえて、ますます念仏の心の尊さを知ることができる。念仏を助発するであろう。

このほか、浄土実践行として天親菩薩の五念門があろう。

五念門は、念仏三昧を主体とした下根の行者の為に開出されたもので、
一、礼拝　　読誦
二、讃嘆　　観察
三、作願　　礼拝
四、観察　　称名
五、廻向　　讃嘆供養正行
の五正行である。

さて「有縁の法によれ」といわれるが、行者が正しく解脱への道を歩むとき必ず自己に適する一道を選ばねばならぬであろう。

「己が能を思量せよ」と親鸞聖人はおっしゃる、自分の力量、智慧、才覚の内省である。何れを選んで浄土の行とすべきか。

その己が能に相応しい浄土願生の行者の選ぶべき一道が明示されている。念仏の一行である。

邪行を捨てて正行を選べという。助行より正定業を。

称名正行のみが、仏が選定した本願であり、衆生救済の唯一道である。本願行であり、善導は、称名念仏であることを発見せられた。

なぜ仏は、称名念仏のみを本願としたもうのであろうか。それは念仏は、諸善万行の総和であるからである。

二には難易の義があろう。

念仏は、何人にも平等に、容易にいつでも為しうる易行である。余行は、実行困難であろう。

愚鈍念仏往生《ぐどんねんぶつおうじょう》の機、下品下生の行人も救われる佛の本願の行である。

自ら解脱し得ない重苦に悩む衆生を平等に救う。

宗教的体験によって発見された念仏の一行である。選ぶべき一行は、つきとめられた願生浄土の浄土教徒の指導原理である。

念仏一行に全生命を託す。その念仏とはどういう意味であろうか。

口称念仏《くしょうねんぶつ》は口に称える念仏である。凡夫の生活態度に恭敬《くぎょう》心がある。仏菩薩に対して敬虔なる態度で接することである。

反対は傲慢である。慎しまねばならないであろう。

恭敬心は
(a)有縁の聖人を敬う敬虔な態度であろう
(b)因縁の厚い浄土の阿弥陀仏、観音、勢至菩薩《せいしぼさつ》、有縁の像、教を敬うことである。
(c)御本尊、阿弥陀如来、真実の仏、お木仏に生ける仏の思いをなして敬うべきである。
(d)浄土三部経は、当然敬わねばならない。
(e)浄土教の信仰を解き明かす有縁の善知識を敬う

（f）同信同行の親しい友、善友を選び助け合わねばならぬ
（g）篤く三宝を敬う
称名は、懺悔である。

廻心念仏すれば、罪皆除く、唯称念仏をすすめる。感謝報恩、念仏の生活をすることの励めである。

初発心より菩薩に至るまで退転せず、如来の本願に帰命して、臨終に至るまで恭敬を継続し、相続心とすべきである。

如来に帰依し、念仏生活五十年にして命終するとしても、初心を忘れず、称名念仏するべきである。

極楽往生論

往生とは、生まれることを意味する。

娑婆世界から彼の浄土へ生まれることであろう。

往生の意義、往生の本質は何か。

それは仏の願心、如来の願心に生きる事であり、無限の真理を開顕してゆく事である。

虚妄の生は物質的、肉体の上に滅するものと考えられている。一般人の常識上の生である。

朝に起き、夕に寝て、昨日、今日、明日と暮らす私たちの人生行路は、無生の生に生まれない限り死的生に終始するであろう。

本願無生の生、浄土の生、真実の生に生き、年命の日夜に去ることを覚らぬ人生の自覚反省を促している。

浄土は楽有世界という。諸々の楽のみを受くるゆえに極楽という。法楽によって満たされる世界である。

阿弥陀仏の極楽浄土は、実体として建立されている。

一には真如実体論である。浄土は、宇宙の本体、万有の根本原理である真如を実体としている。

真如本来の妙用が流現した世界が浄土であり、逆行して現れた世界を娑婆、穢土と称する。

二、願心実体論

願心を実体と論ずる。

浄土の実体を天親菩薩は、唯識智を浄土の体となす。唯識智とは大慈悲である。

三、願心成就の浄土

世親菩薩が、阿弥陀仏の浄土を二十九種に分開説示し、国土観、阿弥陀仏観、菩薩観となし、この三種の成就は願心より荘厳せられると言われたのにはその意味がある。

願心のままに生きるとは、即ち念仏することである。本願成就の世界、本願行としての念仏一道であろう。温かい大慈悲心より成就された浄土願心、実体の浄土は、価値的世界であり、弥陀仏の浄土も願心によって価値づけられた世界と言えるであろう。

願心に生きる者、われらのみが、必ず感じ得る願力不思議な世界であろう。

（六）浄土信仰の確立について

信仰心の確立は、安心立命、安身立命とも安心決定、信心決定とも言い、仏の教えを学んで得た安らぎ、不動の境地を言う。

『観無量寿経』では、

阿弥陀仏の本願の救いを信じて、その浄土に往生したいと願う心。

一　至誠心《しじょうしん》　阿弥陀仏を信じ、極楽浄土を願う真実なる心

二　深心《しんしん》　阿弥陀仏の本願の救いを深く信じて疑わない心。深い道心。

三　廻向発願心《えこうほつがんしん》　自ら修めた一切の善根功徳を他の人にも向けて、ともに極楽浄土に生まれたいと願う心。

いわゆる三心の安心が説かれている。

『大無量寿経』には

一　至心　仏の願いの真実

二　信楽　至心に信じて疑うなという仏の命令

三　欲生　極楽に生まれようと欲する。真実の世界を望む。

の三心を説き、弥陀廻向の一心であり、疑いの思いが無い南無阿弥陀仏、即ち念仏往生の願い、宗教的境地である信仰心を説く。

『阿弥陀経』は、執持《しゅうじ》名号《みょうごう》、しっかりと名号をとらえて忘れず、生涯、心に保持することの大切さを諭している。

阿弥陀仏に帰依合掌し、極楽を求め唯、助け給えと一心不乱に念仏をすることであろう。助け給えと念願する。内面のこころと口に称名念仏、手に数珠をもち合掌する報恩謝徳、歓喜の信仰心であろう。

己が能力を思量せよ、人には能力、心の持ちよう、きっかけもある。

自己そのものを知ると、いわゆる鏡に自己を省察することが大切であろう。

自身は、現に罪悪生死の凡夫、曠劫よりこのかた六道に流転して、出離の縁あること無しという、いかんともすることのできぬ凡愚の我が身の程を知ることである。

私たちは愚かな凡夫である。

修行らしいことは何一つできない。破戒無慚の身、仏の教えの真実を知らない。悟りに縁遠い。煩悩にまみれた心をもつ、解脱なき愚かなもののわれらが存在する。

浮かぶ瀬のない自己がそこにいる。

これらのわれらを救う修道要義は何か。

二種信相は、修道に大切な要締であろう。

一、自己を省みて罪悪生死の凡夫であって、いまだ生死流転の世界にありて、出離の縁がないと信ずる（機の深信）。

二、阿弥陀仏は、四十八願を建てて衆生を救ってくださると疑わなければ、必ず浄土に生まれることができると信ずる（法の深心）、いわゆる二種の深心である。

仏教の大海中から時代、人心に適合した浄土教を発見された祖師たちは、民衆の求道心を満たす凡夫解脱の唯一道を明らかになすった。

応病与薬の法として多種多様な解脱法が明らかにされてる八万四千の法門といわれる仏教経典の中から何を有縁の経典として信仰を確立すべきか、衆生救済論、浄土往生の道を明らかになされた。

時は末世である。

釈尊亡き後、教、行、証が得られている正法、教、行はあるが、証は得られない像法。教えはあるが行、証がすたれた末法と三つの時代区分が語られる。

末法現代論、現代は、末世の世である。

われらの凡夫性を見つめる時、行足の歩み重くして彼岸へ渡る術をもたない。

その器ではない。機教不相応である。

衆生の機（能力）とそれに応じた教えが合致相応せず、ぴったりと重なり合い救いにあずかることができない。

浄土の祖師たちは、阿弥陀一佛を発見し、凡愚往生の阿弥陀一仏であると、凡夫の救われる最も相応しい凡夫解脱の唯一道、弥陀の本願、衆生往生の唯一道、念仏往生の道を発見なすった。

全身心をささげて、帰命すべき仏は、唯阿弥陀一仏であると、弥陀仏救済の始終を明らかにしたのである。

凡夫救済法である。唯助けようと叫び声が聞こえる。

二河白道の比喩《たとえ》が知られている。

旅人があって西方百千里を行かんと道を行くことわずかにして、忽然として中程に二つの河があらわれる。一つは火の河（貪り）で南にあり、一つは水の河（怒り）、北方にある。その二河の中間に一つの白道、彼岸に至る往生の道がある。この二河に当面した旅人が彼方を見ると羣賊、悪獣が競い殺さんとしている。前に進まんとすると白道は常に火水に覆われていて、旅人の恐怖は一通りでない。

旅人はいずれの道を選んでも死を免れない。

そこで旅人は、白道を進まんと意を決する。東岸に叫ぶ人の声が聞こえる。

決定してその道を進め、決して死の難は無い。そこにとどまれば必ず死ぬであろう。

西岸に人あって、汝、一心正念にして直ちに来れば、われよく汝を護らん。

火水に堕する畏れなすことなかれと勧奨する声を聞き、両岸の勧めを受けた旅人は、意を決して白道を行くことにし、一心に進む。しばらくして西岸にたどり着き、苦難を免れる。多くの善友来って慶楽し、驚かなかったというお話しである。

東岸は煩悩の巷であり、西岸は西方浄土である。中間の白道は清浄なる願往生心、三心であり、羣賊とは異学異見の人たちである。

西岸の人とは阿弥陀仏、東岸の人は釈尊である。願往生心一心にして教えのままに歩む。

念仏するならば、必ず真実の世界が展開される、という二河白道のたとえである。

阿弥陀仏は、今現在説法しておられる。

来迎往生、体失往生もあろうが、不来迎の談、平生業成の義であろう。不体失往生である。

親鸞の主著『教行信証』行巻の末に百二十句にわたる韻文「正信念仏偈」があり、思想と信仰の骨格として語られる。

「今の世の人々は出家と在家をとわず心を同じくし、これら高僧の説きたもうところを信ずべし」釈尊、龍樹、世親、曇鸞、道綽、善導、源信、源空と親鸞は七高僧について領解と法悦を語る。

「かの印度、西域の学僧たちも、
また中華、日本の高僧たちも、
釈迦牟尼如来の出世の正意をあらわし、
かつ、彌陀の本願の今の世の人に相応せることをあかす。
かつて釈迦牟尼世尊は楞伽《りようが》の山にましまして、
もろびとのために告げて説きたまえり。
南天竺に龍樹なるもの世にいでて、
ことごとく有と無の謬見をやぶらん。
たぐいもなき大乗のおしえをのべ伝えて、

歓びにみてる初地《しょじ》を実現し、安楽国に生ぜしめん。
難行道の苦しきは陸路をゆくの苦しきに似て、
易行道の楽しきは水路をゆくがごとしと説けり。
阿彌陀仏の本願を念じて忘れることなくば、
自然にして、即時に、まさしく浄土往生と定まる。
ただよくつねに阿彌陀ほとけの名号を称《とな》えて、
大いなるあわれみの誓願の恩を報ずべしとなり。
世親菩薩は『浄土論』を造りていわく、
礙《さ》えるものなき光の如来に帰命したてまつる。
『無量寿経』によりて真実のおしえをあらわし、
因果をこえる大いなる誓願をあかしたまえり。
ひろく本願の力をめぐらしたまい、
生きとし生けるものを救わんために一心を説きたもう。
大いなる功徳の宝海に帰入すれば、

かならず浄土の聖者のなかに入ることをえ、
きよらかなること蓮華のごとき浄土にありて、
たちどころに真如をさとり、法性を身に体して、
煩悩の林にあそびながら、不可思議の力をあらわし、
まよいの苑《その》にありながら仏身を現ずるといえり。
曇鸞和尚は、梁の天子の帰敬するところ、
つねに和尚のあるところに向かい、菩薩として拝せしとか。
和尚かつて菩提流支によりて浄土の経をさずかり、
仙経をやきすてて、ひとえに浄土に帰したまいき。
やがて世親の『浄土論』を注解して『論註』をあらわし、
彌陀の浄土に生まるるは、すべて誓願によることを示す。』
（『日本仏教思想と親鸞』増谷文雄編　筑摩書房参照）

浄土高僧和讃十首
天親菩薩付釈文　十首　　　　　　　　　和訳

一　釈迦の教法おほけれど
天親菩薩はねんごろに
煩悩成就のわれらには
弥陀の弘誓をすすめしむ

仏の教法はおおけれど
煩悩具足のわれらには
弥陀の弘誓ぞたのもしと
世親菩薩はすすめける

二　安養浄土の荘厳は
唯仏与仏の知見なり
究竟せること虚空にして
広大にして辺際なし

極楽浄土のありさまは
仏のみよく知るところ
その極みなき荘厳は
虚空の辺際《かぎり》なし

三　本願力にあひぬれば
むなしくすぐるひとぞなき
功徳の宝海みちみちて
煩悩の濁水へだてなし

本願力に遇《あ》うときは
空しく過ぐるひともなし
大宝海は功徳みち
濁《にご》れる水もわかちなし

四　如来浄華の聖衆は
正覚のはなより化生して
衆生の願楽ことごとく
すみやかにとく満足す

如来はちすの聖衆は
さとりの花の生むところ
衆生のねがいことごとく
よく速やかに満たされん

五　天人不動の聖衆は
弘誓の智海より生ず
心業の功徳清浄にて
虚空のごとく差別なし

心ゆるがぬ聖衆は
弘誓の海の生むところ
その心業のきよくして
みそらのごとく広しとか

六　天親論主は一心に
無礙光に帰命す
本願力に乗ずれば

世親菩薩は説きたもう
一心帰命無礙光仏
本願力によりてこそ

報土にいたるとのべたまふ

真の浄土にいたるなれ

七　尽十方の無礙光仏
一心に帰命するをこそ
天親論主のみことには
願作仏心とのべたまへ

かぎりもあらぬ無礙光
仏に南無する一心を
曇鸞和尚の釈意には
願作仏心と説かれたり

八　願作仏の心はこれ
度衆生のこころなり
度衆生の心はこれ
利他真実の信心なり

作仏をねがう心とは
衆生を度する心なり
衆生を度する心とは
往生浄土の心なり

九　信心すなはち一心なり
一心すなはち金剛心

信心すなわち一心なり
一心すなわち金剛心

金剛心は菩提心　　　　　　金剛心は菩提心
この心すなはち他力なり　　この心こそ他力なり

十　願土にいたればすみやかに　　浄土に往かば速やかに
無上涅槃を証してぞ　　　　　　無上の境地さとりえて
すなはち大悲をおこすなり　　　すなわち大悲をおこすなり
これを回向となづけたり　　　　これを回向となづけたり

親鸞聖人は、釈尊以来浄土仏教、念仏の歴史の相続、継承により、信仰を形成し、七高僧の法灯のお蔭であるとその心を充分に了解し、自信教人信、大乗仏教精神、大乗至極の教えによる民衆救済の道を明らかにしていると言えよう。

（七）生死度脱の叡智の探究

仏教のテーマは、老病死超克の道である。

釈尊の開悟、転法論に始まる生死解脱《げだつ》の教えは、無常の生命の担い手であるわれら人間に、人生の究極的な意義と解決とを示す大乗至極の教えであると言える。

ブッダは、出家学道、出家者となって仏道を学ぶ出家の聖者であった。

若き日のゴータマ、シッダッタは世間的には何の不足もない境遇であったが、それに満足を得ず、物思いにふける傾向にあった。

「愚かな凡夫はみずから老いゆくもので、また老いることを免れないのに、他人が老衰したのを見て考え込んでは、悩み、恥じ、嫌悪している。

われもまた老いゆくもので、老いるのを免れないのに、他人が老衰したのを見ては、悩み、恥じ、嫌悪するであろう――。

わたくしがこのように観察したとき、青年期における青年の意志は全く消え失せてしまった（A N.Ⅲ 38)。

十六歳の時、父王はかれが物思いに耽る癖をやめさせるために、楽しい生活を送らせようとした。

妃の名はヤショーダラー、一子ラーフラを設け、楽しい家庭生活を送っていたが、人間が病み、死ぬことについての人生問題に深く悩んでいたという。

出家学道

ゴータマ・シッダッタは二十九歳の時、ついに出家して遍歴修行者となった。

そして、ブッダガヤーの菩提樹のもとで沈思瞑想し、悟りを開いて覚者となった。時に、彼は三十五歳であった。

ゴータマ・シッダッタは何を悟ったか。

それは法dhamma、真理をさとり、それを人々の為に開顕したといわれる。

それは法を見ること。人生の如実相を教えるとともに、人生の実践すべき真実の道を示した。

人間はどこにあっても、又、いかなるものによっても苦しみから脱することができない。

何人も老い、且つ死なねばならぬ。死の危機はつねに迫っている。

いつかは老いと病と死とが忍びよってくる。

寿命は次第につきて行く。

『この世における人々の命は、定相なく、どれだけ生きられるか解らない。惨《いた》ましく、短くて、苦悩に繋《つな》がれている。生まれたものには、死を遁れる道がない。老いに達しては、死が来る。実に生あるものどもの定《さだ》めは、このとおりである。熟した果実は早く落ちるおそれがある。それと同じく、生れたものは、死なねばならぬ。かれらにはつねに死の怖《おそ》れがある。「たとえば、陶工のつくった土の器が終にはすべて破壊されてしまうように、人々の命もまたそのとおりである。若い人も壮年の人も、愚者も賢者も、すべて死に屈服してしまう。すべての者は必らず死に至る」

まことに人生は短いものである。と

『ああ短いかな、人の生命よ。百歳に達しないうちに死す。たといこれよりも長く生きようとしても、また老衰のために死ぬ』と嘆いた。

死とともにすべてのものは失われる。愛する人とも離れてしまうであろう。

目覚めし者、仏陀は人生の諸行無常を悟り、いかにその課題を超克するか、覚者をめざした。

ギッジャクータ霊鷲山は、もっとも有名な説法地として知られる。

ブッダの人生も、転法輪の一番の活動地から出発して臨終の地、クシナーラに向かうという人生の旅路であった。

ふつう人間は寿命がくれば死を迎える。

生・老・病・死を見つめることは仏教の根本である。

誰もそこから逃げることができない。年老い、病に苦しみ、そして死んでゆく。

釈尊は晩年、在家者による葬儀の方法を阿難に指示したといわれる。

遺骸を木綿布で包み、五百枚の織布で包み、金の棺に入れ、それを鉄の槨《うわひつぎ》の中におき、さらに栴檀香《せんだんこう》の槨に入れて、火葬にする。さらに、火葬の後は、遺骨（舎利《しゃり》）を拾って、塔廟《とうびょう》を建てるようにとまで指示している。

釈尊は、葬儀の指示も終えて、ついに最後の地、拘尸那竭（クシナーラー）に到着し、二本の娑羅《さら》（サーラ）樹の間に横たわった。「この生起した現象は、無常であって変化し、最後には必ず消滅するものである」と無常の原則を改めて教えて、「ここが、最後の生存の場であり、もはや生存を受けなくなるであろう」と完全な涅槃に入ることを告げた。

遺骸は七日間そのまま安置され、葬儀の準備がなされた。いよいよ拘尸那竭の末羅《まつら》（マッラ）の人たちの手で薪に点火される。仏の一番弟子の大迦葉《だいかしょう》（マハーカッサパ）がまだ到着していないので、大迦葉の到着を待って、自然に火が燃え上がり、ブッダは火葬に付された。

ところがその後、舎利を求めて、末羅人の他、仏の出身である釈迦《しゃか》（シャーキャ）族、隷車族、摩竭人などの人々が争う事態が生じた。最終的に、舎利は八つの部族に分けられ、それぞれ塔（ストゥーパ）を築いて祀ることになった。ストゥーパでの舎利信仰は、その後の仏教の発展の大きな拠点となってゆく。

仏舎利、遺骨は、仏塔（ストゥーパ）に祭られ、崇拝はますます盛んになり、仏塔には多くの信者が参詣し、修行者の見本である共に、救済者としての役割を持つようになる。

「自らを灯明とし、法を灯明とせよ（自灯明《じとうみょう》、法灯明《ほうとうみょう》）」。

自分自身と法（真理）だけを頼りとすべきと遺言で諭した。

仏教は「さとった人」「めざめし人」になる道を説く教えである。人生の苦悩から離脱した境地を解脱と呼び、ニルヴァーナと呼ぶ。ニルヴァーナは煩悩の「火を吹き消すこと」「吹き消された状態」である。

実践の究極の目標としてさとり（正覚）を得ること。目標は、最上のやすらぎ（静寂）

であり、安楽である。

生死の超越は解脱である。解脱の境地においては生死が存在しない。不死、不滅の領域、境地である。

原始仏教から、部派仏教、そして大乗仏教に至る仏教の伝統の歴史の中で、このような生死度脱の考えは一貫しているように思われる。

浄土仏教思想史、救済史、浄土門における往生浄土の問題も生死を超えた永遠の命、宗教的な叡智に帰依することを課題としている。

私たちの日常はあたかも死がないように振る舞って生活している。

そして、私たちは世の御不幸に対して一般的に「御冥福をお祈り申し上げます」と心情からの言葉を口にする。死後の幸福、人の死後の幸福を祈る為、合掌礼拝し、仏事を修する追善をすることも多い。

ところが最近、世の御不幸に対してよく友人などがテレビのインタビューで「天国でゆっくりお休みください」となぐさめの言葉を耳にすることがある。

はてなと思うことがある。

天国とは神さまや天使がいて清浄な国とされる天上の理想の世界であり、キリスト教のいう神の国、信者の霊魂が永久の祝福を受ける場所、煩悩のない楽園を表す言葉である。現世で悪業をなした者が死後苦果を受ける場所、地獄ではないので耳ざわりもよく、悪い印象を持たない。何となく容認しがちな無意識な表現なのかもしれないが、クリスチャンであればともかく、なぐさめの言葉は天国や神の国ではない。

仏教文化の国、日本文化にふさわしく、仏教の歴史や伝統のある国の仏教徒としては「極楽浄土」の表現が望ましく、日本人としての自然な心情と言える。

現代人の私たちは、極楽浄土、安楽国という日本人としての心の文化をよく理解する必要があるように思う。

往生浄土、願生浄土を願う人が少ないのであろうか。

心のふる里についてもう少し探究心を持ってもよいのではないか。

真実の浄土とは何かという問題である。本著のテーマは、その意味においても意義があるように思われる。

極楽浄土は、阿弥陀仏の居所である浄土である。全く苦患《くげん》のない安楽な世界であり、阿弥陀仏が常に今現在説法している。

念仏者は、死後ここに生まれる。

安養浄土、西方浄土、極楽、極楽世界、安楽世界、極楽界、浄土ともいう。

臨終待つことなし。不来迎、平生業成の義である、と親鸞と蓮如は語る。極楽は、この世にある。

不体失往生という往生観である。

この往生浄土論については既に論述のとおりである。

参考文献

『真宗聖教全書』一、三経七祖部　浄土論　昭和十六年　大八木興文堂
『大乗仏典　中国日本篇』第五巻　論註　神戸和麿　一九九三年　中央公論社
『解説浄土論註』巻上　巻下　昭和六二年　東本願寺出版部
『浄土論講話』　金子大栄著　一九八八年　文栄堂書店
『彼岸の世界』　金子大栄選集　昭和三二年　在家仏教協会
『現代語訳親鸞全集』第九集　先学　往生浄土論　昭和四十九年　講談社
『親鸞との対話』曽我量深一九九五年　弥生書房
『原始浄土思想の研究』　藤田宏達　一九七四年　岩波書店
『浄土仏教の思想』四　曇鸞　藤堂恭俊　一九九五年　講談社
『浄土仏教の思想』九　親鸞　武内義範　一九九一年　講談社
『親鸞と現代』　武内義範　昭和四十九年　中央公論書

『伝統と現代』第三十九号　昭和五十一年　伝統と現代社
『浄土の教義と其教団』石井教道著　昭和四年　宝文館
『浄土』星野元豊著　昭和三十二年　法蔵館
『例文　仏教語大辞典』石田瑞麿著　一九九七年　小学館
『仏教語大辞典』上巻下巻　中村元著　昭和五〇年　東京書籍

あとがき

詩人・童話作家　宮沢賢治の詩『雨ニモマケズ――』という遺稿がある。

雨ニモマケズ
風ニモマケズ
雪ニモ夏ノ暑サニモマケヌ
丈夫ナカラダヲモチ
慾ハナク
決シテ瞋ラズ
イツモシヅカニワラッテヰル
一日ニ玄米四合ト
味噌ト少シノ野菜ヲタベ
アラユルコトヲ

ジブンヲカンジョウニ入レズニ
ヨクミキキシワカリ
ソシテワスレズ
野原ノ松ノ林ノ蔭ノ
小サナ萱ブキノ小屋ニヰテ
東ニ病気ノコドモアレバ
行ッテ看病シテヤリ
西ニツカレタ母アレバ
行ッテソノ稲ノ束ヲ負ヒ
南ニ死ニサウナ人アレバ
行ッテコハガラナクテモイヽトイヒ
北ニケンクヮヤソショウガアレバ
ツマラナイカラヤメロトイヒ
ヒデリノトキハナミダヲナガシ

サムサノナツハオロオロアルキ
ミンナニデクノボートヨバレ
ホメラレモセズ
クニモサレズ
サウイフモノニ
ワタシハナリタイ

宮沢賢治には童話「銀河鉄道の夜」「風の又三郎」等の遺稿もある。岩手県花巻の浄土真宗の家柄に生まれたが、『法華経』に帰依し、生老病死の苦難の人生を生きた人である。その生涯は陸道の歩行を行く菩薩の如く、この世で入聖得果する道、聖道門、難行道に生きた人生であったといえる。三十七才の生涯は、当時としても若死であった。

しかし、賢治のこの詩には何か不思議な魅力があり、今日も、口ずさむ人も多い。

二〇一〇年五十六才の時私は『親鸞聖人の救済道』を著わし、易行道といわれる願生浄土の浄土教の救済道の器、輩《ともがら》であることに目覚めた。二〇一三年拙著『晩年の親鸞聖人』高齢者の生き方を学ぶによって大切な晩年の生き方を学んだ。

人にはそれぞれ生き方がある。

現実の世界に生きる凡夫の私たち、愚鈍であるがゆえに、阿弥陀仏に救われる器とする教えが浄土教であり、うけがたき人身をうけて、あいがたき仏法、本願にあい、おこし難き道心をおこして、はなれ難き輪廻の里をはなれ、生まれ難き浄土に往生せんことは喜びの中のよろこびである。

阿弥陀仏の無量寿に帰依し、願いに生きる人生にあって、永遠の今に生かされているインド学仏教学、僧侶学を研鑽した愚者であるが、初心を忘れずに夢叶うと信知して、現生を不退転位で進む日々である。

信仰をもつ人は如来とひとし、如来等同と親鸞聖人は『末灯鈔』にて語られる。

「来迎たのむことなし、信心さだまるとき、往生またさだまるなり」

「真実信心の行人は、摂取不捨のゆえに、正定聚のくらいに住す」

「信心決定の人は疑いなければ正定聚に住すること候う」

不体失往生を語る人生論に感動し、この世に生かされて、往生浄土の道を貫き進む心持ちである。親鸞聖人は、鎌倉時代九十才という長寿の人生を生きられた。医食同源、日本食・医療のお蔭もあり人生百才、健康長寿が願われる今日である。やさしく、皆に理解可能な仏書著述を心がけたが果たして、やさしく論述できたであろうか。浅学菲才、力量及ばぬ点は、今後の課題として明信仏智、歓喜踊躍の中に南無阿弥陀仏と合掌し、筆を置きたいと思う。

七十四才の誕生日平成三十年七月十二日自坊阿弥陀寺書斎にて　識す。

著者略歴

宇野　弘之（うの　ひろゆき）

1944年　愛知県生まれ。宗教哲学者。1969年、東洋大学大学院文学研究科修士課程修了、1972年、同大学院博士課程でインド学仏教学を専攻研鑽。

【宗教法人】浄土真宗　霊鷲山　千葉阿弥陀寺住職　千葉市中央区千葉寺町33

主な著作

『大無量寿経講義』『阿弥陀経講義』『観無量寿経講義』『正信念仏偈講義』『十住毘婆沙論易行品講義』『釈尊に聞く仏教の真髄』『盂蘭盆経を読む　彼岸への道』（山喜房佛書林）、『孫・子に贈る親鸞聖人の教え』（中外日報社発行、法蔵館発売）、『蓮如　北陸伝道の真実』『蓮如の福祉思想』『蓮如の生き方に学ぶ』（北國新聞社）、『「心の病」発病のメカニズムと治療法の研究』Ⅰ、Ⅱ、Ⅲ『親鸞聖人の救済道』『晩年の親鸞聖人』『無宗教亡国論』『恵信尼公の語る親鸞聖人』『ストップ・ザ・少子化』（国書刊行会）

マハーヤーナスクール講義録

極楽浄土念仏往生論

平成30年9月1日　初版発行

著　者	宇　野　弘　之
発行者	浅　地　康　平
印刷者	小　林　裕　生

発行所　株式会社　山　喜　房　佛　書　林

〒113-0033　東京都文京区本郷5-28-5

電話03-3811-5361　FAX 03-3815-5554

ISBN978-4-7963-0512-9　C1015